Psychosociale problemen

Reeks Kinderen en Adolescenten. Problemen en risicosituaties

Psychosociale problemen is het tweede deel van de tiendelige reeks *Kinderen en Adolescenten - Problemen en risicosituaties*. Deze reeks geeft een vrijwel volledig overzicht van problemen en risicosituaties die zich bij deze leeftijdsgroepen kunnen voordoen. Per deel wordt een bondige en toegankelijke beschrijving gegeven van het onderwerp, gevolgd door de meest actuele kijk op de diagnostische en behandelingsmogelijkheden. Deze reeks is bedoeld voor al diegenen die beroepsmatig betrokken zijn bij kinderen en adolescenten.

In de reeks *Kinderen en adolescenten – Problemen en risicosituaties* verschijnen de volgende delen:
Deel 1, Psychiatrische stoornissen
Deel 2, Psychosociale problemen
Deel 3, Somatische problemen
Deel 4, Ziekten en handicaps
Deel 5, Spraak, taal en leren
Deel 6, Gezin
Deel 7, Opvoeden
Deel 8, Geboorte en dood
Deel 9, Seksualiteit
Deel 10, Maatschappij

Redactie reeks Kinderen en Adolescenten

De boeken uit deze reeks zijn een bewerking van het Handboek Kinderen & Adolescenten. Dit handboek verscheen onder redactie van mw. drs. G.A. Bakker (eindredactie), mw. dr. D.M.C.B. van Zeben-van der Aa, dr. J. Dewispelaere, mw. drs. R. Vecht-van den Bergh, mw. dr. M. van der Meulen-van Dijk en mw. drs. V.H. Soyez.

Bestellen

De boeken van de reeks Kinderen en Adolescenten zijn te bestellen via de boekhandel, of rechtstreeks via de webwinkel van Bohn Stafleu van Loghum te Houten: www.bsl.nl.

Psychosociale problemen

Dr. N. Cohen de Lara Kroon
Drs. E.S. van Efferen-Wiersma
Dr. R. Kohnstamm
Prof.dr. L. Goossens
Dr. K. Kouwenhoven
Prof.dr. H.T. van der Molen

Bohn Stafleu van Loghum
Houten

© 2009 Bohn Stafleu van Loghum, onderdeel van Springer Uitgeverij

Alle rechten voorbehouden. Niets uit deze uitgave mag worden verveelvoudigd, opgeslagen in een geautomatiseerd gegevensbestand, of openbaar gemaakt, in enige vorm of op enige wijze, hetzij elektronisch, mechanisch, door fotokopieën of opnamen, hetzij op enige andere manier, zonder voorafgaande schriftelijke toestemming van de uitgever.

Voor zover het maken van kopieën uit deze uitgave is toegestaan op grond van artikel 16b Auteurswet 1912 j° het Besluit van 20 juni 1974, Stb. 351, zoals gewijzigd bij Besluit van 23 augustus 1985, Stb. 471 en artikel 17 Auteurswet 1912, dient men de daarvoor wettelijk verschuldigde vergoedingen te voldoen aan de Stichting Reprorecht (Postbus 3051, 2130 KB Hoofddorp). Voor het overnemen van (een) gedeelte(n) uit deze uitgave in bloemlezingen, readers en andere compilatiewerken (artikel 16 Auteurswet 1912) dient men zich tot de uitgever te wenden.

Samensteller(s) en uitgever zijn zich volledig bewust van hun taak een betrouwbare uitgave te verzorgen. Niettemin kunnen zij geen aansprakelijkheid aanvaarden voor drukfouten en andere onjuistheden die eventueel in deze uitgave voorkomen.

ISBN 978 90 313 6047 5
NUR 848

Ontwerp omslag: Studio Bassa, Culemborg
Ontwerp binnenwerk: Studio Bassa, Culemborg
Automatische opmaak: Cross Media Solutions - Ten Brink, Alphen aan den Rijn
Eindredactie: Hanna Molenaar

Bohn Stafleu van Loghum
Het Spoor 2
Postbus 246
3990 GA Houten

www.bsl.nl

Inhoud

	Over de auteurs	7
1	Inleiding H.T. van der Molen	6
2	Blozen R. Kohnstamm	10
3	Verlegenheid H.T. van der Molen	20
4	Eenzaamheid L. Goossens	37
5	Faalangst N. Cohen de Lara-Kroon en E.S. van Efferen-Wiersma	53
6	Liegen K. Kouwenhoven	70
7	Jaloezie en afgunst R. Kohnstamm	84

Over de auteurs

Dr. N. Cohen de Lara-Kroon, orthopedagoge en GZ-psycholoog, werkt als zelfstandige stress- en traumaconsultant (www.cohendelara.com).

Drs. E.S. van Efferen-Wiersma is orthopedagoog en verbonden aan de CED-Groep te Rotterdam.

Prof. dr. L. Goossens is hoogleraar ontwikkelingspsychologie aan de Katholieke Universiteit Leuven.

Dr. R. Kohnstamm is ontwikkelingspsycholoog, publicist en auteur van de drie delen Kleine Ontwikkelingspsychologie (Bohn Stafleu van Loghum, Houten).

Dr. K. Kouwenhoven is verbonden aan de vakgroep Psychologische Methoden van de afdeling Psychologie van de Universiteit van Amsterdam.

Prof. dr. H.T. van der Molen is hoogleraar psychologie aan het Instituut voor Psychologie van de Erasmus Universiteit Rotterdam en aan de Faculteit Psychologie van de Open Universiteit Nederland.

1 Inleiding

H.T. van der Molen

Dit deel van de reeks 'Kinderen en Adolescenten' gaat over psychosociale problemen bij kinderen en adolescenten. Daarmee wordt gedoeld op een aantal veel voorkomende problemen die zich in de interactie met leeftijdgenoten, leerkrachten en ouders kunnen voordoen.

In de eerste vier hoofdstukken speelt het begrip *angst* een centrale rol. De hoofdstukken 2 t/m 4 hebben betrekking op verschillende uitingsvormen van angst in sociale situaties. Daarbij is sprake van een toenemende ernst. Blozen, het thema van hoofdstuk 2, is op te vatten als een symptoom van het meer uitgebreide probleem verlegenheid, dat in hoofdstuk 3 aan de orde komt. Wanneer de verlegenheid zeer ernstig is, kan die leiden tot eenzaamheid. Het kind of de adolescent raakt dan in een isolement. Eenzaamheid is het thema van hoofdstuk 4. Het volgende hoofdstuk, hoofdstuk 5, gaat over faalangst. Hoewel er overlap is tussen sociale angst en faalangst, wordt met het tweede begrip vooral gedoeld op de angst om te falen in situaties waarin gepresteerd moet worden, zoals bij repetities en examens.
De laatste twee hoofdstukken gaan over andere problemen die in de interactie met anderen kunnen ontstaan: hoofdstuk 6 gaat over (pathologisch) liegen en hoofdstuk 7 over jaloezie en afgunst.

In alle hoofdstukken komt de belangrijke vraag aan de orde waar de grens ligt tussen normaal en abnormaal. Ieder kind bloost wel eens, iedere adolescent wordt wel eens verlegen, iedereen denkt wel eens dat hij of zij er helemaal alleen voor staat, en iedereen kijkt wel eens op tegen een examen. Ook is bekend dat iedereen, kinderen en adolescenten incluis, zeker driemaal per dag liegt en dat iedereen ook wel eens jaloers of afgunstig is. Daarmee is nog niet direct sprake van pathologie. Goede diagnostiek is derhalve zowel voor leerkrachten als voor ouders van belang om te bepalen of er sprake is van gedrag dat binnen de 'normale range' valt of van gedrag dat daar niet meer in past. Pas in dat laatste geval hebben we het over (psycho)pathologie.

Wetenschappelijke ontwikkelingen in de laatste jaren

Voor de diagnostiek van sociale angststoornissen en faalangst zijn de laatste jaren verschillende instrumenten ontwikkeld (zie hoofdstuk 3 Verlegenheid en hoofdstuk 5 Faalangst). Ook voor de diagnostiek van eenzaamheid is een goede vragenlijst ontwikkeld (zie hoofdstuk 4 Eenzaamheid). Bij de diagnostiek van (pathologisch) liegen en jaloezie en afgunst dient men bij gebrek aan meetinstrumenten gebruik te maken van systematische gedragsobservatie. Wanneer liegen bijvoorbeeld samengaat met gedragingen als stelen, weglopen, spijbelen en inbreken, zijn er sterke aanwijzingen voor een antisociale gedragsstoornis.

Ten aanzien van de behandeling van overmatig blozen, sociale angst, verlegenheid en eenzaamheid wijzen de resultaten van overzichtsstudies uit dat cognitief-gedragstherapeutische behandelingen, waarin sociale-vaardigheidstraining gecombineerd wordt met het bestrijden van irrationele cognities, de beste behandelingsresultaten oplevert. Ook voor de behandeling van faalangst zijn effectieve cursussen ontwikkeld, die op cognitief-leertheoretische principes zijn gebaseerd.
Pathologisch liegen als deel van de antisociale gedragsstoornis is moeilijker te behandelen. Over de systematische behandeling van jaloezie en afgunst blijkt nog niet zoveel bekend te zijn.

Structuur van de hoofdstukken

De verschillende hoofdstukken zijn geschreven door experts in Nederland en België. Ieder hoofdstuk begint met een praktijkvoorbeeld. Daarna wordt een definitie gegeven van het probleem dat centraal staat. Vervolgens wordt een beschrijving gegeven van de verschillende aspecten van het probleem. Dan worden theoretische achtergronden en mogelijke oorzaken van het probleem, de diagnose en de mogelijkheden voor behandeling besproken. Ten slotte komen, meestal kort, de prognose en de mogelijkheden voor preventie van het probleem aan bod. Elk hoofdstuk wordt afgesloten met een samenvatting en bevat een literatuurlijst voor verdere informatie.

2 Blozen

R. Kohnstamm Inleiding

> Er wordt een klassenfoto gemaakt. De fotograaf zegt: 'Die lange jongedame achteraan kan beter hier vooraan komen zitten'. Claire is 15 en steekt met haar 1.79 meter boven al haar klasgenoten uit. Ook boven de jongen op wie ze heimelijk verliefd is. Met een hoogrode kleur komt zij naar voren. 'Je hoeft niet te blozen hoor', zegt de fotograaf, 'je mag best gezien worden'. Op de foto is Claire een van de weinigen die niet lachend in de lens kijkt.

Het probleem bij blozen is dat het op zichzelf beschouwd niets problematisch heeft, maar dat het door de betekenis die eraan wordt gehecht en door de reacties uit de omgeving tot een probleem kan worden. Blozen is een normale fysiologische reactie waarop iemand geen enkele invloed heeft. De rode kleur die men krijgt, is voor de lichamelijke gezondheid van geen belang, maar in de relatie tussen mensen heeft het verschijnsel een emotionele betekenis gekregen: het is een teken dat je je in verlegenheid gebracht voelt.
Vrijwel alle mensen hebben de mogelijkheid tot blozen in zich, maar zowel tussen volwassenen onderling als tussen kinderen en jongeren onderling bestaan individuele verschillen in de snelheid waarmee en de redenen waarom zij een rode kleur krijgen.
Bijna iedereen die tijdens een zachte passage van een concert hard moet niezen, zal schaamrood op de kaken krijgen van gêne. Voor een kind of jongere die in de klas een scheetje laat, geldt hetzelfde. Maar er zijn er ook die bij het minste geringste blozen, ook zonder dat zij zich ergens over hoeven te schamen of zich ongemakkelijk hoeven te voelen. Om een of andere reden even vluchtig in de belangstelling staan, is voor hen al voldoende. Sommige mensen blo-

zen alleen in heel specifieke situaties, als hun gevoelige plek wordt geraakt. Dat is het geval bij een meisje als Claire: haar opvallende lengte is een teer punt. Als daar de aandacht op wordt gevestigd, krijgt ze een kleur.

Blozen als verschijnsel

Als blozen zo duidelijk een sociaal verschijnsel is en te maken heeft met het zich bekeken en beoordeeld voelen, wordt het uiteraard alleen maar erger als mensen laten blijken dat ze zien dat je bloost. Dit is nu echter juist wat vaak gebeurt. 'Hé, je krijgt er een kleur van!' Hierdoor ontstaat een vicieuze cirkel, want door die opmerkingen houdt het blozen alleen maar langer aan. Dat kan al beginnen in de kindertijd.

Omdat het een autonome reactie is, kan het bij snel blozende kinderen ook voorkomen dat ze een kleur krijgen zonder dat er iets vreselijks aan de hand is. Maar door de aandacht die het krijgt, ontstaat bij hen de indruk dat er wel iets vreselijks moet zijn, in ieder geval iets wat erger is dan hij of zij dacht. Het kind zegt 'nul', iemand verstaat 'lul'. Het kind bloost een beetje. De anderen joelen: 'Hé, kijk, ze...', de kleur wordt roder en roder en mede daardoor wordt een onnozele verspreking voor een kind een beladen voorval. Het blozen is dus vaak geen gevolg, maar oorzaak van de narigheid. Kinderen die snel en hevig blozen, lopen het risico zich in gezelschap vaker onbehaaglijk te voelen vergeleken met kinderen die daar minder last van hebben. Dit kan er – vooral in combinatie met andere risicofactoren – toe leiden dat ze zich sociaal terugtrekken.

De gevoeligheid voor blozen neemt met het ouder worden af, maar tussen de kinderjaren en de volwassenheid is er eerst nog een piek in de adolescentie. Daarom is een verhoogde aanleg tot blozen ook voor jongeren op te vatten als een extra risicofactor. De adolescentie is immers voor velen zonder meer al een periode waarin je met je figuur geen raad weet. De rode kleur die je 'zomaar' krijgt, verhevigt die sociale onzekerheid.

De misschien goedbedoelde opmerking van de fotograaf maakte ook in het geval van Claire de zaak alleen maar erger. Als hij niets had gezegd, was haar kleur waarschijnlijk snel weggetrokken en had ze ook vrolijker op de foto kunnen staan.

Wat gebeurt er

Het is opmerkelijk dat de rode kleur zich alleen voordoet op het gezicht, de hals, de oren en het bovenste deel van de borst. Het ontstaat doordat de kleine bloedvaatjes, die in dat gebied toch al rijkelijk aanwezig zijn, zich gemakkelijker dan elders in het lichaam kunnen verwijden. Het bloed stroomt toe en schemert door de huid. Waarom de bloedvaatjes juist daar over die eigenschap beschikken, heeft men nog steeds niet kunnen verklaren. Wel is bekend dat zij, in tegenstelling tot bloedvaten elders in het lichaam, receptoren bevatten die gevoelig zijn voor adrenaline. Het verschil tussen mensen die snel en die weinig blozen ligt waarschijnlijk in de hoeveelheid receptoren.

Waarom gebeurt het

Over de functie van de menselijke mogelijkheid om te blozen wordt voornamelijk gespeculeerd. Men is het erover eens dat het zich voordoet in sociale situaties. Dat doet vermoeden dat het op enigerlei wijze in dienst staat van de communicatie. In moderne woorden: dat het een non-verbale boodschap is. Van origine moet er echter nog iets anders achter zitten, want een boodschap moet zichtbaar zijn. Mensen blozen echter ook in het donker en wat meer is: zwarte en bruine mensen – die een groter deel van de mensheid uitmaken dan blanken – blozen ook, alleen is dat door hun huidskleur niet te zien. Vandaar de niet te bewijzen veronderstelling dat het bloed oorspronkelijk misschien naar de hersenen stroomde om de betrokken mens in bepaalde situaties alert te maken en in staat te doen zijn snel een handelingsstrategie te bedenken.
De aard van de situaties waaraan men daarbij denkt, is interessant. Het zou zijn gegaan om momenten waarop een mens door anderen werd onderkend als een niet-soortgenoot, als een van een wellicht vijandige groep. Wie op deze wijze werd 'betrapt', moest snel kunnen handelen. Hoewel speculatief, is dit een interessante gedachte, omdat het een verbinding legt tussen het vroegere overlevingsnut van deze fysiologische reactie en de sociale context waarin het nu nog steeds optreedt. Dat nut is er in het huidige mensenbestaan niet meer, maar de context is gebleven. Mensen krijgen nog steeds

een rode kleur als ze voelen dat ze door anderen om enigerlei reden, al dan niet met bevreemding, onderzoekend worden bekeken.

Wanneer gebeurt het

In het algemeen worden vier groepen van situaties genoemd waarin blozen zich kan voordoen. Bij de eerste is het al voldoende dat iemand voelt dat anderen intens naar hem kijken. In experimenten is aangetoond dat het zelfs al voldoende kan zijn als iemand zonder verdere bedoelingen wordt aangestaard. In de dierenwereld heeft strak aankijken een dreigende betekenis, waardoor het andere dier op zijn hoede raakt. Bij mensen zou nog een overblijfsel aanwezig kunnen zijn van een lichamelijke reactie op de dreiging die van een starende blik kan uitgaan.
In afgezwakte vorm doet dit zich voor als iemand zich kritisch benaderd voelt. Volwassenen kunnen er bijvoorbeeld last van hebben tijdens een sollicitatiegesprek als zij taxerend worden bekeken. Berucht bij kinderen en jongeren is het houden van een spreekbeurt: al die ogen die vanuit de klas op je gericht zijn.
Het is ook deze oorzaak die zich bij uitstek voordoet in de adolescentie. Er kan in die levensfase sprake zijn van een verhoogd zelfbewustzijn. Het vertrouwde lichaamsgevoel uit de kindertijd is weg en er zijn voortdurend twijfels over wat voor mens je nu eigenlijk bent. Je bent voor jezelf niet langer een vanzelfsprekendheid. Een adolescent is daarom voortdurend in een kenmerkend soort egocentrisme met zichzelf bezig. De stap van letten op jezelf naar iedereen-kijkt-naar-mij is niet zo groot. Daardoor verliest een jongere in gezelschap snel zijn onbevangenheid, weet zich geen houding te geven en krijgt om het minste geringste een kleur.

> Robin is 16 en voelt zich op de huwelijksreceptie van zijn zusje opeens ontzettend klein en onnozel te midden van de vrienden van het bruidspaar. Als hij dan door een tante wordt begroet met de hartelijk bedoelde woorden 'Je bent al weer gegroeid', voelt hij zich nog duidelijker als kind neergezet en krijgt hij daar een kleur van.

De tweede situatie is wat onverwacht, namelijk als men uitbundig wordt geprezen. Bij nader inzien heeft dit toch wel verwantschap met de eerstgenoemde situatie. Want ook bij loftuitingen voelt men zich bekeken, in het zonnetje gezet, even buiten de groep gezet. Het is wel leuk om te horen dat je het mooiste opstel hebt geschreven van allemaal, maar tegelijkertijd ben je niet gewoon zomaar als iedereen.

> Vijftienjarige Sofie weet wel dat ze een aardige zangstem heeft, maar krijgt toch een kleur als ze met algemene stemmen wordt gekozen voor de hoofdrol in de schoolmusical.

De derde situatie doet zich voor als iemand voelt dat hij ten overstaan van anderen iets doet wat niet hoort of niet mag. Daarmee zet hij of zij zichzelf even buiten de groep, lijkt even een vreemde te zijn die de codes niet kent. In zo'n geval gaat het blozen meestal gepaard met een gevoel van schaamte. Je hebt een tactloze opmerking gemaakt of de verkeerde kleren aangetrokken naar een feestje. Zo'n gevoel van schaamte heeft te maken met het ik-ideaal, met wat voor iemand je 'wilt' zijn. Voldoen aan het ik-ideaal geeft een gevoel van eigenwaarde, tekortschieten ten opzichte daarvan leidt tot schaamte.

In de schoolleeftijd moet een kind op eigen kracht gaan deelnemen aan de omgang en gewoonten van de gemeenschap waartoe het behoort. Het wordt niet meer onvoorwaardelijk geaccepteerd als een verlengstuk van de ouders, maar moet aan bepaalde voorwaarden gaan voldoen om erbij te horen. Het ik-ideaal bestaat in die tijd dan ook voor een groot deel uit wat zichtbaar gedrag betreft, willen zijn als alle anderen, uit conformisme. Pas als het kind door er op die manier bij te horen voldoende zekerheid heeft ontwikkeld, komt er ruimte voor eigenheid en individualiteit.

Situaties waarin een kind een dom antwoord geeft op een simpele vraag, of niet mee mag zingen omdat het alleen maar vals kan brommen, kortom waarin het op een bepaald moment net even anders is dan de anderen, komen hard aan. Het kan ook gaan om iets waar een kind zelf niets aan kan doen. Een verbaasde opmerking van een klasgenoot als: 'Hé, weet jij niet eens waar je vader woont!' kan een kleur van schaamte opleveren. Even wordt pijnlijk voelbaar dat je niet bent als iedereen. Een kind dat door aanleg snel bloost, laat bovendien aan iedereen nog eens duidelijk zien dat het in verlegenheid is gebracht. Dat maakt zijn of haar emotionele verwarring groter.

In de adolescentie gaat het in het ik-ideaal om beïnvloedbare karaktereigenschappen, levensstijl en opvattingen, waarbij leeftijdgenoten elkaar via identificatie als voorbeeld dienen. Als zo'n identificatie in een bepaalde situatie mislukt en het ideaal niet wordt geëvenaard, kun je daar een kleur van krijgen.

> Marie spiegelt zich aan Jacqueline, die al weet dat zij fotografe wil worden. Op de tentoonstelling van de fotoclub van school ziet Marie haar eigen werkstuk hangen naast dat van Jacqueline en beseft blozend dat ze dat nooit zal kunnen.

De vierde situatie is een afgeleide van de eerste drie: iemand kan ook blozen als hij of zij alleen is. Het zich voorstellen van wat zich zal kunnen voordoen of van wat zich al voorgedaan heeft is al voldoende om de blozende reactie op te roepen. Een kind krijgt het al warm bij het idee dat hij morgen zal moeten zeggen dat hij niet mee kan met het schoolreisje. En krijgt weer een kleur als hij eraan denkt dat hij de enige was die vergeten had dat juf jarig was en dus geen cadeautje bij zich had. Het kan ook nog verder gaan: alleen al het idee dat iets zou kúnnen gebeuren, is bij sommigen voldoende om te blozen. 'Misschien wil ze wel vrijen', denkt de onervaren Paul in het vooruitzicht van zijn afspraak met het meisje op wie hij verliefd is, 'en doe ik het helemaal niet goed', en de kleur schiet omhoog.

Achtergronden en mogelijke oorzaken

De Amerikaan Leary (1992), die als een van de weinigen onderzoek heeft gedaan naar het verschijnsel blozen, meent dat de vier situaties die maken dat iemand een kleur krijgt, een gemeenschappelijke basis hebben. Op een of andere manier gaat het volgens hem altijd om ongewenste aandacht voor iemand als persoon die zo indringend is dat zijn of haar identiteitsgevoel wordt aangetast. Een ongewenste intimiteit bijna. Het lijkt alsof je eigen bedoelingen, motieven en gedachten even te kijk staan. Door de 'fout' die je maakt, denken anderen een blik naar binnen te kunnen werpen en menen daar iets te kunnen zien wat je kennelijk wilt verbergen. Dat is misschien nog het duidelijkst in een situatie die valt onder de eerstgenoemde categorie, die van het zich bekeken voelen, terwijl van een misstap geen sprake is. Iemand zit voor zich uit te kijken en een ander vraagt ineens: 'Hé, waar zit jij aan te denken?' Op zo'n moment krijgen veel mensen – volwassenen, jongeren en kinderen – een kleur. Niet omdat ze bezig waren met schandelijke gedachten, maar omdat zij zich in hun privacy voelen aangetast.

> De inmiddels volwassen geworden Annet kan zich nog herinneren hoe 'in brand ze kwam te staan' toen ze merkte dat haar vader – per ongeluk, naar hij haar bezwoer – in haar dagboek had gekeken.

Ook volgens de psychoanalytische verklaring gaat het bij blozen uiteindelijk om één oorzaak en wordt het gezien als een zogeheten conversieverschijnsel. Dat wil zeggen dat een innerlijk conflict wordt omgezet in een lichamelijke reactie. In dit geval gaat het om onacceptabele seksuele wensen die men verdringt. Als iemand op geheel niet-seksueel terrein iets onacceptabels doet, schemeren die verdrongen wensen daar als het ware doorheen. De angst daarvoor zet zich om in blozen als een lichamelijke afweerreactie.

Wat gebeurt er nog meer

Er zijn twee kenmerkende manieren waarop iemand op zijn of haar eigen blozen reageert. Beide sluiten aardig aan bij de in het begin genoemde speculatieve verklaring voor het ontstaan van blozen.
In de eerste plaats is er het wegkijken. Darwin schreef dat iemand die bloost van schaamte 'nauwelijks de blik van de aanwezigen kan verdragen en daarom vrijwel altijd de ogen neerslaat of opzij gaat kijken'. Als van het aangestaard worden dreiging uitgaat, is zelf een andere kant opkijken de eenvoudigste manier om zich daaraan te onttrekken. Bovendien geeft men daarmee aan dat er niets te vrezen valt. Wie in vroeger tijden door afwijkend gedrag de verdenking van kwade bedoelingen op zich laadde, maakte zichzelf door de eigen blik af te wenden immers kwetsbaar.

Ten opzichte van een kind dat de ogen al blozend neerslaat, ontstaat soms dus ten onrechte de indruk dat er meer achter zit en dat het om een of andere reden ook een schuldig geweten heeft. Klassiek is de leerling die een fout antwoord geeft, wordt uitgelachen, bloost, de ogen neerslaat en dan de verdachtmaking te horen krijgt: 'Aha, ik zie het al, geen huiswerk gemaakt'. Ook de reactie van Claire bij het maken van de klassenfoto is een voorbeeld van dit wegkijken.

In de tweede plaats gaat bijna iedere blozer een beetje schaapachtig glimlachen. In de apenwereld is een bepaald soort grijns een teken van ontwapening en onderwerping. Een aap die zich bedreigd voelt, kan zich daarmee verweren. De glimlach van de blozer is hiermee te vergelijken en is duidelijk te onderscheiden van de echte, gemeende glimlach. Dit verschil zit in het moment en de manier waarop de mondhoeken zich krullen. Robin grinnikte ook maar zo'n beetje na de opmerking van zijn tante, wat zij ten onrechte voor vriendelijkheid hield.

Behandeling

Als het blozen met het ouder worden door alle akelige ervaringen ermee niet overgaat en daarentegen eerder sterker wordt en het gehele sociale leven gaat beheersen, soms zodanig dat men zich meer en meer uit contact met onbekenden terugtrekt, zal therapie nodig zijn. Verschillende gedragstherapeutische technieken zijn effectief gebleken om het blozen te bestrijden. Het is alleen niet duidelijk waarom sommige mensen wel bij de ene, maar niet bij de andere therapeutische techniek baat hebben. Soms moet men dit simpelweg uitproberen. Het is verstandig hier niet te lang mee te wachten.

Systematische desensitisatie betekent dat men tijdens de therapie eerst leert zich volledig te ontspannen en vervolgens leert dit vol te houden in situaties waarin men zich gewoonlijk onzeker voelt en die wat hun angstaanjagendheid betreft stapsgewijs worden opgebouwd.

Reciproke inhibitie is gebaseerd op het gegeven dat iemand niet tegelijkertijd bang en assertief kan zijn. Blozen doet zich voor in situaties waarin men zich angstig voelt. Tijdens de therapie wordt met behulp van het voorstellingsvermogen geoefend om zich in de betreffende situaties assertief te gedragen. Als het na verloop van tijd lukt dit gedrag over te planten op levensechte situaties, blijft het blozen achterwege.

Biofeedback is erop gericht degene die bloost uit te leggen wat er tijdens een emotionele situatie in zijn lichaam gebeurt en via autosuggestie te vervangen door andere lichamelijke sensaties. Hij leert op die manier bijvoorbeeld het gevoel van warm worden tijdens het blozen om te zetten in een ijskoud gevoel. Ook is het soms effectief als iemand tijdens de therapie met behulp van suggestie leert het rood worden als het ware te verschuiven naar een voor anderen onzichtbare plaats, zoals de benen.

Hypnotherapie maakt bij bestrijding van blozen eveneens gebruik van suggesties, die in trance worden gegeven. Degene die bloost moet zich bijvoorbeeld de situaties die tot blozen aanleiding geven voor de geest halen en proberen te combineren met situaties waarin hij zich gewoonlijk prettig, ontspannen en koel voelt.

Paradoxale opdrachten doen op het eerste gezicht bizar aan, maar zijn in sommige gevallen effectief. De cliënt krijgt eerst als huiswerk dat hij zo vaak als mogelijk is, moet proberen met opzet te blozen in allerlei situaties die in sociaal opzicht niet bedreigend zijn. Hij kan dat bijvoorbeeld staand voor de spiegel doen. De ervaring dat het onmogelijk is deze reactie naar willekeur op te roepen leidt tot het inzicht dat blozen iets 'louter lichamelijks' is dat weinig te maken heeft met wat zich in de sociale realiteit voordoet; het haalt daardoor de beladenheid eraf. De volgende opdracht is dan dat hij moet proberen ook in sociale situaties die wél onzekerheid oproepen het blozen opzettelijk te doen ontstaan. Vaak lukt dat dan niet en komt er – eveneens paradoxaal genoeg – zelfverzekerdheid voor in de plaats.

Cijfers over de effectiviteit van therapie zijn niet bekend, maar als het blozen het leven gaat beheersen is het alleszins de moeite waard hulp te zoeken.
De grootste dienst die men een blozend kind of een jongere die een kleur krijgt kan bewijzen, is het te negeren, om de kans te verkleinen dat het een allesoverheersend probleem wordt. Degenen die een sterke aanleg daartoe hebben, leren dan in ieder geval niet het

warm worden te verbinden met allerlei sociale narigheid. En bij degenen voor wie het vooral in de adolescentie alleen maar een tijdelijk ongemak is, kan de neiging tot blozen weer wegtrekken.

Samenvatting en conclusie

Blozen is een normale menselijke reactie in situaties waarin men zich op enigerlei wijze door anderen kritisch bekeken voelt. Het is een fysiologische reactie die niet te onderdrukken is. Er bestaan grote individuele verschillen in de snelheid waarmee en de mate waarin mensen blozen. In de adolescentie is er meestal een relatieve piek. De manier waarop anderen erop reageren kan negatief werken. Daarom hoort een sterke neiging tot blozen tot de risicofactoren om sociale angst te ontwikkelen. Niet reageren is het beste. Voor extreme gevallen bestaan enkele therapeutische technieken.

Literatuur

Kohnstamm, R. (2009). *Kleine Ontwikkelingspsychologie. Deel III De Schoolleeftijd.* Houten: Bohn Stafleu van Loghum.

Kohnstamm, R. (2009). *Kleine Ontwikkelingspsychologie. Deel IV De Adolescentie.* Houten: Bohn Stafleu van Loghum.

Leary, M.R., Britt, T.W., Cutlip, W.D. & Templeton, J. L. (1992). Social blushing. *Psychological Bulletin*, 112, 446-460.

Vandereycken, W. & Pollentier, S. (1986). Erytrofobie of de angst om te blozen – een literatuuroverzicht. *Directieve Therapie*, 6.

3 Verlegenheid

H.T. van der Molen

Inleiding

Joost is 8 jaar en zit op de basisschool. Hij kan wat betreft zijn leerprestaties behoorlijk goed meekomen, maar hij heeft er eigenlijk geen vriendjes. Als hij al uit zichzelf iets zegt, gebeurt dat op een onhandige, schutterige manier. Wanneer de juf hem iets vraagt, geeft hij wel antwoord maar vaak zo zachtjes dat bijna niemand het kan verstaan. De andere kinderen pesten hem dan: 'Heb je je stem thuisgelaten, Joost?' Als ze dat zeggen, begint hij heel erg te blozen. Het liefst zou hij door de grond zakken, zodat niemand zijn rooie kop meer kan zien. Door dat pesten begint hij een hekel aan naar school gaan te krijgen. Op zondagavond krijgt hij dikwijls al pijn in z'n buik als hij eraan denkt dat hij de volgende dag weer naar school moet.

Annemarie is 15 jaar en zit in de derde klas havo. Ze heeft twee heel goede vriendinnen: Clara (bij haar in de klas) en Miranda (bij haar in de straat). Er zijn soms sociale situaties waar Annemarie zich absoluut geen raad mee weet.
Op feestjes voelt ze zich volstrekt niet op haar gemak. Vooral als Clara niet in de buurt is, weet ze nauwelijks wat ze moet zeggen. Ze heeft het idee dat de jongens uit de klas haar niet zien staan. Als ze in de spiegel kijkt, snapt ze ook wel waarom: 'Tjonge, wat heeft ze een grote neus en wat een pukkel zit daar op haar wang'. Ze krijgt haast een hekel aan zichzelf. Als er weer een klassenfeestje is, bedenkt ze een smoes om er maar niet naartoe te hoeven gaan.
Een spreekbeurt voor de klas houden is iets anders waar Annemarie als een berg tegen opziet. Ze is bang dat ze niet uit haar woorden kan komen en dat de anderen haar zullen uitlachen.

Die angst komt doordat het bij een vorige spreekbeurt helemaal misging. Ze was zo zenuwachtig dat ze heel zachtjes praatte en zich een aantal keren versprak. De klas lag dubbel van het lachen.
Een derde situatie waar ze moeite mee heeft, is als ze bij Miranda op bezoek is. Die heeft twee oudere broers en die maken wel eens plagerige opmerkingen. Annemarie weet dan absoluut niet hoe ze daarop moet reageren. En dat terwijl ze op een van die twee broers, Robert van 18, eigenlijk een beetje verliefd is. Maar ja, ze is natuurlijk kansloos, want Robert zit op het atheneum en die vindt haar vast te jong en te dom. Om de pijnlijke confrontaties met hem te vermijden heeft Annemarie maar liever dat Miranda bij haar op bezoek komt.

Bij de twee hierboven beschreven personen – een kind en een adolescent – is sprake van een algemeen bekend verschijnsel: verlegenheid. In de literatuur wordt dit verschijnsel ook wel aangeduid als sociale angst. Als de symptomen heel ernstig zijn, spreekt men van sociale fobie. Bijna ieder kind en iedere adolescent heeft wel eens last van verlegenheid. In de meeste gevallen zal dat niet meteen tot ernstige problemen leiden.
Wanneer verlegenheid wel ernstige vormen aanneemt, brengt dat echter zeker risico's met zich mee, zowel op de korte als op de lange termijn. Wat de korte termijn betreft: verlegen kinderen en adolescenten worden dikwijls met hun teruggetrokken gedrag gepest en kunnen daardoor nog verder in hun schulp kruipen. In sommige gevallen gaat dat gepaard met depressie, in andere situaties leidt het tot een uitbreiding van de fobische klachten. Op de lange termijn, zeker als het probleem voor het vijftiende jaar ontstaat, worden samenhangen gerapporteerd tussen verlegenheid enerzijds en agorafobie, alcoholmisbruik en zelfmoordgedachten en -pogingen anderzijds (Lecrubier & Weiler, 1997). Bij ernstige verlegenheidsproblematiek (zie ook Diagnose) is het van belang vroegtijdig in te grijpen. Alvorens diagnostiek en behandeling te bespreken, wordt eerst nader ingegaan op het begrip verlegenheid.

Het begrip verlegenheid en de kenmerkende aspecten

Na een uitvoerige bestudering van de literatuur over verlegenheid komt Van der Molen (1985) tot de volgende definitie:
Bij iemand is sprake van verlegenheid als bij navraag en/of gedragsobservatie blijkt dat hij in bepaalde *typen* sociale situaties *gewoonlijk* te kampen heeft met:
1 *gevoelens van spanning*, beschroomdheid, zich niet vrij voelen;
2 *gedragsproblemen*: niet weten hoe zich te gedragen in sociale situaties of niet durven doen wat men eigenlijk vindt dat men moet doen, in het bijzonder zich niet vrij durven uiten;
3 *negatieve gedachten* over zichzelf.

Dekking had het in 1981 anders geformuleerd (in: Fournier & Meijers, Sociale angst bij kinderen):
Sociale angst bestaat hieruit, dat een kind in een sociale situatie met andere kinderen bang is beoordeeld te worden (...) als iemand die faalt, in het bijzonder wat betreft de presentatie van zijn sociale, fysieke of intellectuele vaardigheden, of als iemand die afwijkt vanwege zijn uiterlijke verschijning of de positie die hij inneemt.

Beide hierboven gepresenteerde definities sluiten aan bij de theorie van het cognitief sociaal leren. Uitgaande van dit theoretische kader zullen we hierna de verschillende aspecten die bij verlegenheid te onderscheiden zijn (situaties, gedrag, gedachten, gevoelens) uitwerken.

De verschillende aspecten van verlegenheid

SITUATIES

Wat in de eerste plaats van verlegenheid gezegd moet worden, is dat dit verschijnsel vrijwel altijd gekoppeld is aan bepaalde situaties. Dat wordt nogal eens over het hoofd gezien. In het alledaagse spraakgebruik zijn we gewend te spreken van 'verlegen' kinderen alsof die verlegenheid zich in *alle* situaties zou voordoen. Hoewel er kinderen en adolescenten zijn bij wie dit het geval is, komt de aan situaties gekoppelde verlegenheid veel meer voor.
Zo zagen we bij Annemarie dat ze twee heel goede vriendinnen had

bij wie ze zich in het geheel niet verlegen voelde, maar dat ze, als ze zelf moest optreden (spreekbeurten) of als ze geplaagd werd, zich geen raad wist met de situatie.

Valt er nog een onderscheid te maken in soort situaties waarin verlegenheid optreedt? In de definitie van Dekking is een antwoord op deze vraag te vinden. Daarin zien we namelijk twee soorten situaties. De eerste soort is aan te duiden als *beoordelingssituaties*; daarin heeft het kind het gevoel dat zijn (intellectuele) competentie beoordeeld wordt. We zagen dat bij Annemarie toen ze een spreekbeurt moest houden. De tweede soort situaties is te karakteriseren als *opvalsituaties*; daarin heeft het kind het idee dat zijn uiterlijk beoordeeld wordt. In het voorbeeld van Joost constateerden we dat hij het verschrikkelijk vond dat anderen zagen dat hij bloosde.

Verschil met faalangst

Het verschil tussen de begrippen verlegenheid en faalangst is dat faalangst betrekking heeft op een groter aantal situaties, met name situaties waarin gepresteerd moet worden. Die situaties hoeven niet per se sociale situaties te zijn. Een kind kan bijvoorbeeld faalangstig zijn voor proefwerken rekenen en niet faalangstig voor proefwerken aardrijkskunde. Verlegenheid gaat daarentegen altijd samen met de angst om te falen in sociale situaties.

GEDRAG

Een belangrijk punt van overeenkomst bij diverse auteurs die over het verschijnsel verlegenheid hebben geschreven, betreft de gedragskenmerken die worden gesignaleerd. Als eerste voorbeeld daarvan kan genoemd worden dat verlegen kinderen en jongeren moeite hebben met gesprekjes, zowel met leeftijdgenoten als met volwassenen. We zagen dat ook in het voorbeeld van Joost. Daarbij maken ze vaak een onhandige indruk. Andere opvallende kenmerken zijn het vermijden van oogcontact en het zachtjes of binnensmonds praten. Verlegen kinderen en jongeren vertonen vaak weinig initiatief, ze wachten liever af. Iemand vragen samen iets leuks te doen of in het algemeen spontaan reageren; verlegen kinderen en jongeren doen het zelden. Ze hebben te weinig durf.

Uit het laatste wordt duidelijk dat verlegenheid ook tot uitdrukking komt in het niet of weinig vertonen van bepaalde gedragingen. Zo leggen verlegen adolescenten bijvoorbeeld weinig openheid over zichzelf aan de dag. In psychologisch vakjargon wordt dit gebrek aan durf ook wel vermijdingsgedrag genoemd. Een voorbeeld daarvan zagen we bij Annemarie, die uiteindelijk maar liever van feestjes en van bezoekjes aan haar vriendin Miranda afzag.

GEDACHTEN

Een volgend punt van overeenkomst in de literatuur is dat veel aandacht besteed wordt aan de soort gedachten die met verlegenheid gepaard gaat. Als we een situatie beschouwen waarin verlegenheid optreedt, dan valt er onderscheid te maken tussen de gedachten *voorafgaand* aan de situatie, de gedachten *tijdens* de situatie en de 'na-gedachten', als de situatie voorbij is.
Tot de eerstgenoemde gedachten behoren de verwachtingen die iemand van zichzelf en zijn eigen functioneren heeft. Kenmerkend voor verlegen kinderen en jongeren is dat zij sociale situaties met negatieve verwachtingen tegemoettreden. Ze hebben geen hoge dunk van zichzelf. Daardoor alleen al wordt de kans op een succesvol optreden verkleind.
Ook tijdens het optreden in een sociale situatie worden verlegen kinderen en jongeren veelvuldig geplaagd door gedachten als: 'Oh hemel, ik weet nu niets te bedenken, wat zullen ze me saai vinden'. Als het vervolgens inderdaad misgaat in de betreffende sociale situatie, wordt het ongeloof in het eigen kunnen versterkt.
De nagedachte is dan: 'Zie je wel, het lukt mij toch nooit'. We roepen hier het voorbeeld van Annemarie in herinnering, waarin – door angst vooraf – het houden van een spreekbeurt geen succes werd. Annemaries overtuiging dat zij nooit in staat zou zijn een verhaal aan een groep te vertellen, werd op die manier bevestigd. Wanneer kinderen of jongeren vaak met dergelijke negatieve ervaringen geconfronteerd worden, ontstaan tamelijk vaste *denkpatronen* als: 'Ik zal er nooit iets van maken', of: 'Ik zal wel nooit echte vrienden krijgen', of: 'Bij mij gaat altijd alles mis'. In de literatuur worden deze denkpatronen *irrationeel* genoemd. In de eerste plaats omdat men met het denken in termen van 'nooit', 'altijd' en 'alles' meestal te absoluut denkt. In de tweede plaats omdat het door zo te denken nog moeilijker wordt om datgene te bereiken wat men graag wil.
Er valt verder een onderscheid te maken tussen gedachten die vooral gericht zijn op het *eigen* functioneren en gedachten die betrekking hebben op de verwachte reacties van *anderen*. De eerste soort

gedachten blijkt bij verlegen kinderen en nog sterker bij verlegen adolescenten veel voor te komen. Dat dit 'identiteitsbewustzijn' in de adolescentieperiode versterkt wordt, heeft te maken met de lichamelijke, sociale en cognitieve veranderingen die in deze periode plaatsvinden (De Wit & Van der Veer, 1997). Karakteristiek voor de op zichzelf gerichte gedachten is dat het eigen doen en laten steeds in de gaten wordt gehouden. Er is dan bijna sprake van een preoccupatie met zichzelf en vooral ook van het besef te falen. Kenmerkend voor het tweede type irrationeel denken is dat verlegen kinderen en jongeren vaak de stellige overtuiging hebben dat anderen hen negatief zullen beoordelen. Zo wist Annemarie al zeker dat ze bij de volgende spreekbeurt weer uitgelachen zou worden. Hoewel die verwachting voorstelbaar is, schuilt er in de stelligheid van de overtuiging toch een irrationeel element. Men kan namelijk nooit de reacties van anderen met zekerheid voorspellen.

Gevoelens

Het laatste punt waarover in de literatuur overeenstemming bestaat, is dat de negatieve verwachtingen van het eigen optreden, het 'onhandige' gedrag en de daaropvolgende negatieve evaluatie van het eigen gedrag gepaard gaan met negatieve gevoelens. Die gevoelens manifesteren zich ook in een lichamelijke uiting van spanning, bijvoorbeeld blozen, zweten, trillen of buikpijn. We zagen dat ook in het voorbeeld van Joost, die hevig begon te blozen als hij door zijn klasgenootjes geplaagd werd met zijn zachte manier van praten. Dergelijke lichamelijke verschijnselen zijn reacties van het autonome zenuwstelsel en daardoor zeer moeilijk onder controle te krijgen. Hoe meer men zich inspant om ze te onderdrukken, des te meer en vaker neemt de spanning toe. Vooral bij blozen en trillen ziet men dit verschijnsel duidelijk. Wanneer kinderen en jongeren vaak last hebben van dergelijke gevoelens van spanning kunnen ook gevoelens van minderwaardigheid ontstaan; dat betekent letterlijk: het gevoel minder waard te zijn dan anderen.

Vóórkomen

In epidemiologische studies in de Verenigde Staten blijkt het vóórkomen van sociale fobie over alle leeftijden 13,3% te zijn. De prevalentie van zelf gerapporteerde verlegenheid is nog veel hoger: 40%.

Hoe vaak verlegenheid in de kindertijd en de adolescentie voorkomt, wordt uit deze studies niet geheel duidelijk (Fones, Manfro & Pollack, 1998). Wel wordt geconstateerd dat verlegenheid vaak tijdens de adolescentie op ongeveer vijftienjarige leeftijd ontstaat. Vervolgens blijft het meestal een hardnekkig probleem; er wordt melding gemaakt van een gemiddelde duur van de klachten van 19,4 jaar (range 10-21,4 jaar). Wat betreft de verschillen tussen de seksen blijkt dat meisjes er meer en vaker last van hebben dan jongens.

Achtergronden en mogelijke oorzaken

De vragen die in deze paragraaf behandeld worden, luiden: welke factoren spelen een rol bij het *ontstaan* en welke bij het *voortduren* van verlegenheid? Op de eerste vraag is niet een eenvoudig antwoord te geven, omdat het ontstaan van verlegenheid een complex proces is, waarbij veel factoren van belang zijn. Menselijk gedrag is meervoudig gedetermineerd; dat geldt ook voor verlegenheid. Wat betreft het ontstaan van verlegenheid wordt hier voornamelijk ingegaan op de leertheorieën. De keuze voor de leertheoretische optiek is mede bepaald doordat deze aanknopingspunten biedt voor behandeling, om verlegenheid te *leren* verhelpen. Daarnaast wordt de mogelijkheid van genetische factoren kort besproken.

Leertheorieën

Traditionele leertheoretici, zoals Wolpe, Eysenck en Rachman, verklaarden verlegenheid vanuit een model waarbinnen twee belangrijke leerprocessen een rol spelen. Eerst vindt een proces van klassieke conditionering plaats, waarin een angstrespons gekoppeld wordt aan een voorheen neutrale stimulus; deze angstrespons heeft vermijdingsgedrag tot gevolg. Deze vermijding heeft het positieve gevolg dat de angst gereduceerd wordt. Daardoor handhaaft de persoon zijn vermijdingsgedrag. De kern van verlegenheid wordt in dit model gelegd in de geconditioneerde angstrespons.
Latere auteurs zoeken de hoofdoorzaak in een tekort aan vaardigheden om in sociale situaties te reageren. Curran (1979) spreekt van een vaardigheidsdeficiëntiemodel. De Groots visie (1978) was dat deze kinderen zich niet de geëigende mentale programma's

eigen hebben gemaakt om in verschillende sociale situaties te handelen. Zo'n 'repertoire', 'gedragsdispositie' of 'mentaal programma' wordt gedefinieerd als een (in het geheugen opgeslagen) vermogen om in bepaalde situaties met bepaald gedrag te reageren. Een bezwaar tegen dit model is dat het niet verklaart waarom adequaat gedrag uitblijft bij kinderen/jongeren die wel beschikken over een adequaat gedragsrepertoire. Een ander bezwaar tegen zowel het klassieke conditioneringsmodel als het vaardigheidsdeficiëntiemodel is dat geen van beide een verklaring levert voor 'modelingeffecten': kinderen leren via observatie van gedrag van anderen.

Deze bezwaren worden ondervangen binnen het zogenaamde cognitief-sociaal-leertheoretisch model (Bandura, 1986, 1997), waarin twee leertheoretische principes een rol spelen. Het eerste is dat kinderen/jongeren leren van de consequenties van hun eigen daden. Dit principe is van groot belang voor het zelfbeeld dat iemand ontwikkelt. Degene die merkt dat zijn sociale gedrag beloond wordt, krijgt zelfvertrouwen; geloof in de effectiviteit van eigen gedrag. Degene die van zijn daden negatieve gevolgen ondervindt, wordt onzeker van zichzelf en gaat geloven dat zijn gedrag in de toekomst ook weinig effect zal sorteren.
Het tweede leertheoretische principe is dat kinderen/jongeren leren van voorbeelden (observationele leerervaringen). Wat de verlegenheid betreft, is er in de literatuur enige steun te vinden voor de veronderstelling dat degenen die daar last van hebben in de jeugd veel geconfronteerd zijn met verlegen voorbeeldgedrag (Zimbardo, 1977).
De positieve dan wel negatieve verwachtingen kunnen gerelateerd zijn aan specifieke situaties, maar zijn soms ook gegeneraliseerd naar meerdere (soortgelijke) situaties.
In het cognitief-sociaal-leertheoretische model wordt naast het (uitwendige) gedrag een plaats ingeruimd voor interne ('bedekte') processen. Bovendien wordt een verklaring gegeven voor het feit dat mensen, hoewel ze de mentale programma's of vaardigheden 'in huis' hebben, die vaardigheden soms toch niet gebruiken. Gedachten over mogelijk nadelige gevolgen kunnen de persoon beletten bepaald gedrag uit te voeren.
Wanneer de negatieve gevolgen goed zijn ingeschat, is de gekozen handelwijze als rationeel te beschouwen. De literatuur vermeldt

Figuur 3.1
Verlegenheid: een vicieuze cirkel.

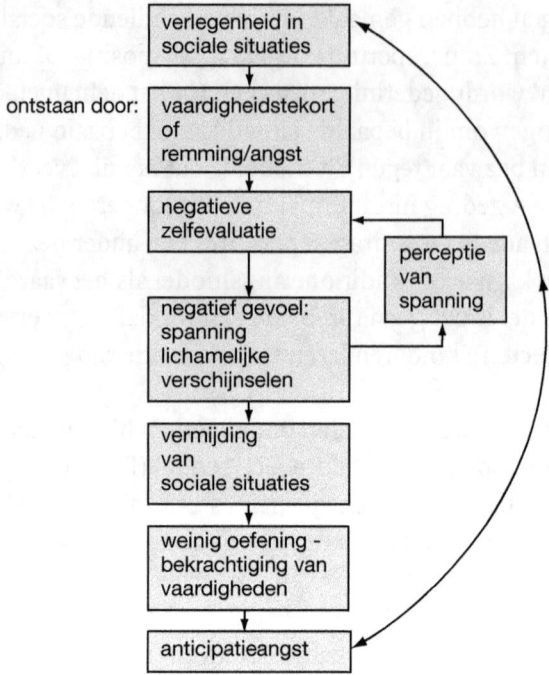

echter dat de negatieve gevolgen door verlegen mensen vaak overschat worden; er is dan sprake van irrationele ideeën die een gebrek aan durf tot gevolg hebben.

Wanneer de verlegenheid eenmaal is ontstaan, is er sprake van een moeilijk te doorbreken vicieuze cirkel. De in de vorige paragrafen onderscheiden aspecten dragen allemaal hun steentje bij: onhandig gedrag in sociale situaties leidt tot negatieve gedachten over het eigen functioneren. Die negatieve gedachten/zelfevaluaties leiden tot negatieve gevoelens, die zich lichamelijk uiten in verschillende soorten spanningsgevoelens. Het gevolg is dat dergelijke situaties met spanning tegemoet worden gezien wanneer ze zich voordoen: men ziet ertegen op. Als gevolg daarvan vermijdt de verlegen persoon die situaties het liefst zo veel mogelijk. Dat heeft tot gevolg dat zijn sociale repertoire in die situaties niet geoefend wordt en dus ook niet beloond. Dat heeft weer tot gevolg dat de (anticipatie)-angst voor de betreffende situatie blijft of zelfs groter wordt. De hierboven beschreven vicieuze cirkel wordt weergegeven in figuur 3.1.

Ten slotte noemen we een sociaal-psychologisch proces dat een rol speelt bij het voortduren van verlegenheid. Dit is het 'etiketteringsproces'. Wanneer een kind of jongere zich verlegen gedraagt, zal hij door anderen als verlegen worden gezien en zal hij zichzelf ook als zodanig bestempelen. Zowel de drager van het etiket als zijn omgeving krijgen zo bepaalde verwachtingen. Wanneer de verlegene dit stereotiepe beeld eenmaal goed verworven heeft, gaan zijn medemensen hem vaak als 'saai' zien. Dat zegt de verlegene vervolgens over zichzelf; 'Niemand vindt me leuk, wat ben ik toch een waardeloos persoon'. Daarmee is de cirkel rond. Ook dit proces van etikettering is moeilijk te doorbreken.

Genetische factoren

Er is nog relatief weinig onderzoek gedaan naar erfelijke factoren bij het ontstaan van verlegenheid en de resultaten ervan zijn vooralsnog tegenstrijdig. Uit het onderzoek van Reich en Yates (1988) bleek dat sociaal fobische volwassenen meer sociaal fobische familieleden hadden dan paniekpatiënten en 'normalen'. Deze uitkomst kan erop duiden dat er sprake is van aanleg, maar kan eveneens verklaard worden door de invloed van verlegen voorbeeldgedrag. In Scandinavië werd in 1993 een onderzoek gedaan naar angststoornissen bij eeneiige en twee-eiige tweelingen. Er werd geen steun gevonden voor een genetische factor bij de sociale fobie. Torgerson (1983) daarentegen vond een grotere overeenkomst bij eeneiige tweelingen in het vóórkomen van sociale angst bij optreden tegenover vreemden dan bij twee-eiige tweelingen. In een andere studie werd bij vrouwelijke eeneiige tweelingen een overeenkomst in vóórkomen van sociale fobie gevonden van 24% tegenover 15% bij twee-eiige tweelingen.
Onze conclusie is dat er enige aanwijzingen zijn voor genetische factoren bij het ontstaan van verlegenheid, maar dat de invloed van omgevingsfactoren veel groter is (zie ook Fyer, 1993).

Diagnose

De eerst aangewezen personen om de problematiek te onderkennen, zijn uiteraard de ouders en de leerkrachten. Wanneer men te maken heeft met kinderen die heel erg blozen, moeilijk uit hun woorden komen en weinig vriendjes hebben, is de 'diagnose' niet zo moeilijk. Lastiger is het bij jongeren aan wie niet zoveel te zien is, maar die veel last hebben van gevoelens van angst en spanning. Daar kan men eigenlijk alleen achterkomen als het kind of de jongere zelf vertelt dat hij last heeft van dergelijke gevoelens.

Bij de diagnostiek van verlegenheid zal men – bijvoorbeeld als kinder- en jeugdpsycholoog in een hulpverleningsinstantie – in de eerste plaats *door middel van gesprekken* na moeten gaan in welke situaties het kind of de jongere last van verlegenheid heeft en hoe die verlegenheid tot uitdrukking komt. Men kan dan vragen naar de *situaties* waarin het gebeurt, hoe het kind zich dan *gedraagt*, naar de *gedachten* die het erbij heeft en wat zijn *gevoelens* erbij zijn.

Ter aanvulling op de mondeling verkregen gegevens kan men gebruik maken van verschillende meetinstrumenten:
- de *Sociale Angst Schaal voor kinderen* (Cohen-Kettenis & Dekking, 1980), waarvan de items betrekking hebben op situaties waarin sociale vaardigheden in het geding zijn en een uitzonderingspositie wordt ingenomen, situaties waarin het gaat om toepassing van intellectuele vaardigheden, situaties waarin het gaat om fysieke vaardigheden, situaties waarin uiterlijke verschijning in het geding is, cognitieve reacties en fysiologische en gevoelsreacties;
- de *Negatieve Zelf Evaluatie Schaal* (Citroen, Franzen & Wijnen, 1977); hoe hoger de score, des te negatiever beoordeelt het kind zichzelf;
- de *Schaal voor Interpersoonlijk Gedrag* (50 items) (Arrindell, De Groot & Walburg, 1984) levert een maat voor spanning in sociale situaties en vermijdingsgedrag;
- de *Sociale Cognitielijst* (Van Kamp & Klip, 1981) meet de mate waarin er sprake is van irrationele gedachten.

Uit de scores op deze vragenlijsten kan men door vergelijking met de scores van normgroepen de ernst van de verlegenheidsproblematiek opmaken.

Een beperking van al deze instrumenten is dat het door de persoon zelf in te vullen *vragenlijsten* zijn. Bij jonge kinderen kan een probleem zijn dat zij daartoe nog niet in staat zijn. Bij beide groepen kan het een bezwaar zijn dat zij te veel sociaal wenselijke antwoorden geven, bijvoorbeeld omdat ze niet willen toegeven dat ze moeilijkheden hebben in de omgang met leeftijdgenoten. Om deze problemen enigszins op te vangen, is het raadzaam ter completering van de diagnostiek de met de vragenlijst verkregen gegevens aan te vullen met gedragsobservatiegegevens van ouders of leerkrachten.

Behandeling

Als men het probleem verlegenheid onderkend heeft, is natuurlijk de volgende vraag of men ook moet ingrijpen, door het kind of de jongere bijvoorbeeld aan te melden voor behandeling bij een Riagg. Hoewel ieder geval nauwkeurig op zichzelf bekeken moet worden, zijn we van mening dat men niet te snel hulpverlenende instanties moet inschakelen. We refereren hier aan het onderzoek van Zimbardo (1977), waaruit bleek dat bij een groot aantal mensen de verlegenheid 'vanzelf', in ieder geval zonder inmenging van hulpverleners, was overgegaan. Beter lijkt het om bij als 'mild' beoordeelde vormen van verlegenheid te zorgen voor een warme, stimulerende opvang in het ouderlijk milieu en op school en daarnaast het kind of de jongere te stimuleren in het doen van dingen die hij of zij eigenlijk niet goed durft.
Ten aanzien van de extreem en/of langdurig verlegen kinderen/jongeren zijn we echter een andere mening toegedaan. Bij die gevallen zal men wel naar de geëigende hulpverleningsinstanties moeten verwijzen.

De vraag is dan wat men aan het probleem verlegenheid kan doen. Uitgaande van het leertheoretisch ontstaansmodel komt een gestructureerde sociale-vaardigheidstraining het meest in aanmerking. Een voorbeeld van zo'n training, die speciaal is afgestemd op basisschoolkinderen (8 tot 12 jaar), is de training die door Ringrose en Nijenhuis (1986) werd ontwikkeld. Voor adolescenten komt een 'Cursus voor verlegen mensen' in aanmerking.

Sociale-vaardigheidstraining voor kinderen

De door Ringrose en Nijenhuis ontwikkelde training van 21 bijeenkomsten is te verdelen in drie fasen die in elkaar overvloeien: de opbouwfase, de middenfase en de consolidatie- of afbouwfase. In de *opbouwfase* is het doel vooral een veilige sfeer voor de deelnemers te creëren en de onderlinge contacten te bevorderen. De kinderen leren een aantal basisvaardigheden die nodig zijn om überhaupt sociale contacten aan te kunnen gaan. In de *middenfase* is het doel dat de kinderen voor hen lastige sociale situaties leren hanteren. Daartoe wordt vaak gebruik gemaakt van een rollenspel. Tijdens elke bijeenkomst staat een bepaald thema centraal. Die thema's zijn geordend naar opklimmende moeilijkheidsgraad en complexiteit. In deze fase krijgen de kinderen ook huiswerkopdrachten mee om het geleerde in de eigen omgeving toe te passen. Die opdrachten hebben tevens tot doel de kinderen te stimuleren in het verkennen van sociale situaties die ze tot dan toe vermeden hebben. De *consolidatie-* of *afbouwfase* wordt onder andere gebruikt voor de herhaling van de oefenstof.

Behalve de kindergroep is er ook nog een *oudergroep* die ongeveer zeven keer bijeenkomt. Het doel van deze oudergroep is dat de begeleiders de ouders vertellen hoe het met hun kinderen gaat en dat de ouders in de thuissituatie het kind stimuleren geleerde vaardigheden toe te passen.

De opstellers van de training rapporteren dat de kinderen die aan de behandeling deelnemen graag en trouw komen en dat het uitvalpercentage gering is (Ringrose, 1988). In een onderzoek van Blonk, Prins, Sergeant, Ringrose en Brinkman (1996) naar de effectiviteit van het programma bleek dat het met sociaal teruggetrokken kinderen beter ging.

De in het begin van dit hoofdstuk ten tonele gevoerde Joost zou waarschijnlijk ook zeer gebaat zijn bij een dergelijke training.

Cursus voor Verlegen Adolescenten

Voor ernstig verlegen adolescenten bestaat een mogelijke aanpak uit het volgen van een 'Cursus voor verlegen mensen' (Van der Molen, 1984).

DOELSTELLINGEN

Het hoofddoel van zo'n cursus is uiteraard vermindering van verlegenheid. Aansluitend bij de in hiervoor gegeven definities van verlegenheid kan men deze algemene doelstelling onderverdelen in de volgende deeldoelstellingen:
- vergroting van kennis over het verschijnsel verlegenheid;
- uitbreiding en verfijning van het arsenaal aan sociale vaardigheden;
- vermindering van irrationele gedachten en negatieve zelfevaluaties;
- belevingsverandering: vermindering van angst in sociale situaties en vergroting van het zelfvertrouwen;

- vermindering van lichamelijke spanningsverschijnselen;
- doorbreking van vermijdingsgedrag;
- vergroting van inzicht in de situaties die verlegenheid oproepen.

METHODE EN INHOUD

In het algemeen is een dergelijke cursus erop gericht de vicieuze cirkel te doorbreken die in figuur 3.1 werd weergegeven. Belangrijk is dat daarbij gebruik kan worden gemaakt van video-opnames, zowel bij de modeling (het geven van voorbeelden) als bij het zelf oefenen. In de cursus wordt een onderscheid gemaakt tussen *luister-* en *zender-* (of *praat-*) vaardigheden. Deze laatste worden ook wel assertieve vaardigheden genoemd. Bij deze assertieve vaardigheden wordt verder gedifferentieerd naar vaardigheden waarbij men zelf het initiatief neemt en vaardigheden waarbij men op iemand reageert. De opbouw bij het leren van deze vaardigheden loopt van gemakkelijk naar moeilijk.

EFFECTEN

Uit een uitgebreid onderzoek (Van der Molen, 1985/1990) bleek dat een cursus volgens dit model sterke tot zeer sterke effecten had op het niveau van kennis, gedrag en beleving. De cursisten wisten meer over hun verlegenheidsprobleem en over manieren om die verlegenheid te verminderen, ze durfden meer en gingen meer sociale contacten aan en ze hadden meer zelfvertrouwen gekregen. Belangrijk was ook dat die effecten drie maanden en een jaar na afloop van de cursus gehandhaafd bleven of zelfs nog iets sterker waren geworden. Van der Beek en Brilhuis (1988) vonden geen verschil in cursuseffect tussen een qua leeftijd heterogeen samengestelde groep (adolescenten en volwassenen) en een qua leeftijd homogeen samengestelde groep (alleen adolescenten). Men hoeft dus niet per se te wachten tot er voldoende personen van één leeftijdsgroep zijn, maar men kan adolescenten ook laten deelnemen aan een training waaraan volwassenen meedoen.
Wanneer we deze resultaten overzien, mogen we veronderstellen dat Annemarie uit het begin van dit hoofdstuk veel aan zo'n cursus zou kunnen hebben.

Prognose en preventiemogelijkheden

Hoe groot is de kans dat verlegen kinderen en adolescenten over hun verlegenheid heen groeien en hoe groot is de kans dat zij er in hun volwassenheid last van blijven houden? Op grond van onderzoek tot nu toe valt op deze vragen geen antwoord te geven. Uit eigen onderzoek (Van der Molen, 1985) bleek dat van de volwassen personen die zich aanmeldden voor een cursus (gemiddelde leeftijd 30 jaar) 90% aangaf al hun hele leven last te hebben gehad van verlegenheid. Dit betekent natuurlijk niet dat iedereen die in de kindertijd of adolescentie verlegen is dat zijn hele leven blijft. Uit het onderzoek van Zimbardo (1977) bleek bijvoorbeeld dat 40% van de ondervraagden zichzelf ooit als verlegen had beschouwd, maar daar inmiddels overheen gegroeid was; 7% bleek er echter in tal van situaties in ernstige mate hinder van te ondervinden.

In een longitudinale studie van Kerr, Lambert en Bem (1996) bleek dat er – als er niet werd ingegrepen – verbanden bleven bestaan tussen verlegenheid op jonge leeftijd en factoren zoals het vermogen een huwelijksrelatie aan te gaan en beroepssucces namelijk dat verlegen kinderen meer moeite hadden met het aangaan van een relatie en minder succesvol waren in hun beroep dan de niet-verlegen kinderen. Duidelijk is dus dat verlegenheid op jonge leeftijd risico's meebrengt voor het sociaal functioneren op latere leeftijd. Wanneer er sprake is van ernstige verlegenheid luidt het advies dan ook om in te grijpen. Interventieprogramma's hebben zowel op de korte termijn als bij follow-up na een jaar duidelijke effecten. Er wordt mee voorkomen dat het kind of de jongere in de vicieuze cirkel terechtkomt, waarbij verlegenheid tot negatieve reacties van de omgeving leidt, die op hun beurt het teruggetrokken gedrag weer versterken. Hoewel het niet onomstotelijk is vastgesteld, zijn er duidelijk aanwijzingen dat hier geldt: 'Jong geleerd, oud gedaan'.

Samenvatting en conclusie

Als we het verschijnsel verlegenheid nader onderzoeken, dan kunnen we constateren dat het een veelvoorkomend verschijnsel is, zowel in de kindertijd als in de adolescentie. De prognose is onduidelijk; sommige jongeren groeien eroverheen, terwijl andere tot ver in de volwassenheid verlegen blijven. Welke factoren echter voorspellen of de verlegenheid wel of niet voorbij zal gaan, is onbekend. Gezien de aangetoonde effectiviteit van de beschreven interventieprogramma's zijn deze zeker aan te bevelen.

Literatuur

Aangehaalde literatuur

Arrindell, W.A., Groot, P.M. de & Walburg, J.A. (1984). *De Schaal voor Interpersoonlijk Gedrag. Handleiding, Deel 1.* Lisse: Swets en Zeitlinger.

Bandura, A. (1986). *Social Foundations of Thought and Action. A Social Cognitive Theory.* New Jersey: Englewood Cliffs, Prentice Hall.

Bandura, A. (1997). *Self-efficacy: The exercise of control.* New York: Freeman.

Beek, D.T. van der & Brilhuis, S.B. (1988). Effect van een homogene versus een heterogene leeftijdsgroep bij een cursus voor verlegen mensen. *Tijdschrift voor Psychotherapie, 14,* 189-193.

Blonk, R.W.B., Prins, P.J.M., Sergeant, J.A., Ringrose, H.J. & Brinkman, A.G. (1996). Cognitive behavioral group therapy for socially incompetent children. Short term and maintenance effects with a clinical sample. *Journal of Clinical Child Psychology, 25,* 215-225.

Citroen, L., Franzen, T. & Wijnen, I. (1977). *Verbetering en validering van de Negatieve Zelf-evaluatieschaal.* Doctoraal werkstuk, Universiteit van Amsterdam, Afdeling Ontwikkelingsleer.

* Cohen-Kettenis, P.T. & Dekking, Y.M. (1980). *Cognitieve aspecten van sociale angst bij kinderen.* Lisse: Swets en Zeitlinger.

Curran, J.P. (1979). Social Skills: Methodological issues and future directions. In A.S. Bellack & M. Hersen (Eds.), *Research and practice in Social Skills Training.* New York: Plenum.

Fones, C.S., Manfro, G.G. & Pollack, M.H. (1998). Social Phobia: An update. *Harvard Review of Psychiatry, 5,* 247-259.

Fyer, A.J. (1993). Heritability of Social Anxiety. A brief review. *Journal of Clinical Psychiatry, 54,* 10-12.

Groot, A.D. de (1978). Wat neemt de leerling mee van Onderwijs? Gedragsrepertoires, programma's, kennis-en-vaardigheden. In *Handboek voor de onderwijspraktijk. 2.3.* Deventer: Van Loghum Slaterus.

Kamp, I. van & Klip, E. (1984). Cognitieve aspecten van subassertief gedrag. *Gedragstherapeutisch Bulletin, 14,* 45-56.

Kerr, M., Lambert, W.W. & Bem, D.J. (1996). Life course sequelae of childhood shyness in Sweden: Comparison with the United States. *Developmental Psychology, 32,* 1100-1105.

Lecrubier, Y. & Weiler, E. (1997). Comorbidities in social phobia. *International Clinical Psychopharmacology, 6,* 17-21.

* Molen, H.T. van der (1984). *Aan verlegenheid valt iets te doen. Een cursus in plaats van therapie.* Deventer: Van Loghum Slaterus.
Molen, H.T. van der (1985). *Hulp als onderwijs. Effecten van cursussen voor verlegen mensen.* Groningen: Wolters-Noordhoff.
Molen, H.T. van der (1990). Het bleu zijn... beu zijn. Een replicatieonderzoek. *De Psycholoog,* 25, 520-526.
Reich, J.H. & Yates, W. (1988). Family history of psychiatric disorders in social phobia. *Comprehensive Psychiatry,* 29, 72-75.
* Ringrose, H.J. & Nijenhuis, E.H. (1986). *Bang zijn voor andere kinderen.* Groningen: Wolters-Noordhoff.
Ringrose, H.J. (1988). Behandeling van sociaal incompetente kinderen. *Gedragstherapie,* 21, 155-173.
Torgerson, S. (1983). Genetic factors in anxiety disorders. *Archives of General Psychiatry,* 40, 1085-1089.
Wit, J. de & Veer, G. van der (1997). *Psychologie van de Adolescentie.* Nijkerk: Callenbach.
* Zimbardo, P. (1977). *Verlegenheid.* Baarn: Ambo.

* aanbevolen voor de werker in de eerste lijn en ouders

Overige literatuur voor ouders

Kraaimaat, F.W. & Dam-Baggen, C.M.J. van (1988). Themanummer Sociale Angst. *Gedragstherapie,* 21, 81-194.
Molen, H.T. van der (1988). Verlegenheid bij Adolescenten. In R. Fiddelaers et al. (red.). *Handboek Leerlingbegeleiding,* hoofdstuk 2453, 2155-1-25. Alphen aan den Rijn: Samsom.

Literatuur voor adolescenten

Molen, H.T. van der (1988). Verlegenheid bij adolescenten. Bijlage 1: Lessen over Sociale Vaardigheden. In N. Deen, R. Fiddelaers, H.J.M. Hermans & W. Hoevermans, *Handboek Leerlingbegeleiding* (pp. 2155-1-2155-23). Alphen aan den Rijn: Samsom.
Riagg Noord-Oost Noord-Brabant (1990). *Opkomen voor jezelf zonder anderen te kwetsen.* Oss: Riagg Noord-Oost Noord-Brabant.
Riagg Oost-Veluwe, Riagg Oost-Gelderland & Schooladviesdienst Oost-Gelderland (1990). *'Zeg nou zelf', een introductie in sociale weerbaarheid voor de bovenbouw van de basisschool.*

4 Eenzaamheid

L. Goossens

De oorspronkelijke versie van dit hoofdstuk is in 1999 geschreven door prof. dr. A. Marcoen.

Inleiding

Mark is een jongen van 9 jaar. Hij zit in groep vijf. Hij wordt door de leerkracht verwezen naar de psycholoog nadat is gebleken dat ook Marks moeder zich grote zorgen maakt over het gedrag van haar zoon op school. Mark vecht vaak met andere kinderen op het schoolplein en praat overmatig veel in de klas, wat de andere kinderen stoort bij hun werk. Hij is enig kind in een harmonisch gezin.

De psychologe probeert eerst om het sociaal functioneren van Mark in kaart te brengen. Zij heeft een gesprek met hem over zijn medeleerlingen en zijn vrienden. Mark vult ook een aantal zelfrapporteringsinstrumenten in, onder meer de Eenzaamheidsschaal voor Kinderen (**Children's Loneliness Scale; cls**). Uit de hoge score op dit instrument blijkt dat Mark eenzaam is. Hij voelt zich niet aanvaard in de klas, heeft geen vrienden en zegt dat hij op school vaak gepest wordt. Uit rollenspel blijkt dat hij wel vlot contact kan leggen met andere kinderen, maar moeilijkere situaties, waarin andere kinderen hem verwijten maken of beledigen, kan hij minder goed aan. Gesprekken met de leerkracht en de ouders bevestigen dit beeld van Mark – die overigens behoorlijk intelligent is.

Na een gedragstherapeutische behandeling van zes maanden, waarin vooral in een kleine groep sociale vaardigheden aangeleerd worden, is het gedrag van Mark sterk verbeterd. Zijn emotionele uitbarstingen en agressief gedrag op het schoolplein zijn verdwenen en hardop praten in de klas doet hij niet

> meer. Hij wordt beter aanvaard door zijn klasgenoten en heeft op school ook een vriend gevonden (LaGreca, 1997).

Uit deze korte gevalsstudie blijkt dat eenzaamheid vaak een onderdeel vormt van een bredere problematiek bij kinderen en adolescenten. In dit hoofdstuk wordt het begrip eenzaamheid besproken en het daaraan verwante begrip alleen zijn. We geven aan in welke mate kinderen en adolescenten deze concepten begrijpen en hoe ze gemeten kunnen worden. Vervolgens bespreken we de achtergronden van eenzaamheid in de normale ontwikkeling en bij klinische groepen. Ten slotte wordt ingegaan op de mogelijkheden tot interventie bij eenzame kinderen en adolescenten.

Basisbegrippen

In de wetenschappelijke literatuur maakt men vaak onderscheid tussen eenzaamheid en alleen zijn. Deze begrippen kunnen in principe duidelijk van elkaar onderscheiden worden, maar ze hebben toch ook met elkaar te maken. Een grondige studie van alleen zijn kan daarom de betekenis van eenzaamheid bij kinderen en adolescenten verduidelijken.

Eenzaamheid

Eenzaamheid wordt omschreven als 'de onaangename ervaring die zich voordoet wanneer het bestaande netwerk van sociale relaties van een persoon ontoereikend is in kwantitatief of in kwalitatief opzicht' (Perlman & Peplau, 1981). Deze omschrijving suggereert meteen hoe eenzaamheid ontstaat. Mensen vergelijken het gewenste niveau van kwaliteit van relaties met het niveau van kwaliteit dat in hun leven effectief bereikt wordt. Als er een discrepantie optreedt in de richting van een tekort of een gemis (wanneer dus de kwaliteit van de relaties lager uitvalt dan men zou willen) dan treedt er een reeks van negatieve gevoelens op die we omschrijven als eenzaamheid. Het gevoel dat men in de steek gelaten werd ('abandonment' in het Engels) neemt bij deze gevoelens een belangrijke plaats in.

Deze definitie maakt duidelijk dat eenzaamheid, wat een subjectief gevoel is, onderscheiden moet worden van sociale isolatie, wat een objectieve toestand is. Mensen kunnen alleen zijn en zich toch niet eenzaam voelen. Omgekeerd kunnen mensen zich in een grote groep bevinden en zich toch zeer eenzaam voelen. Het onderscheid tussen eenzaamheid en alleen zijn lijkt daarmee duidelijk aangegeven. Maar psychologen die belangstelling hebben voor het fenomeen eenzaamheid willen bij kinderen en adolescenten vaak ook bestuderen hoe zij omgaan met de momenten waarop zij alleen zijn of wat hun algemene houding is tegenover de tijd die ze alleen doorbrengen. Deze interesse is begrijpelijk. We voelen ons vaak eenzaam wanneer we ons niet in het gezelschap van anderen bevinden.

ALLEEN ZIJN

Alleen zijn verwijst naar de objectieve situatie waarin er niemand in de buurt is. Deze situatie is lastig te bestuderen zonder de toestand van sociale isolatie te doorbreken. Onderzoekers kunnen echter wel de algemene houding tegenover alleen zijn bestuderen. Uit onderzoek blijkt dat bij kinderen en adolescenten onderscheid gemaakt kan worden tussen een negatieve houding en een positieve houding tegenover alleen zijn. De eerste houding, die ook omschreven kan worden als een aversie tegen alleen zijn, houdt in dat iemand niet graag alleen is, momenten waarop hij alleen is probeert te vermijden en op momenten waarop er niemand in de buurt is sterk geneigd is om contact met anderen te zoeken. De tweede houding, die men ook kan omschrijven als affiniteit met alleen zijn, houdt in dat iemand graag alleen is, actief momenten opzoekt waarop hij alleen kan zijn en in die gevallen waarin er niemand in de buurt is ernaar streeft om deze situatie te laten voortbestaan (Marcoen & Goossens, 1993).

Sommige psychologen vinden dat men de algemene houding moet kennen die kinderen en adolescenten aannemen tegenover alleen zijn om zo hun gevoelens van eenzaamheid in een breder kader te kunnen plaatsen (Goossens & Beyers, 2002). Kinderen die een negatieve houding hebben tegenover alleen zijn zullen bijvoorbeeld hun eenzaamheid pijnlijker beschouwen als ze ontevreden zijn over de kwaliteit van hun relaties. Verder is het ook mogelijk dat adolescenten die zich eenzaam voelen een positievere houding tegenover alleen zijn aannemen als een soort van rationalisatie van hun eenzaamheid ('het gaat niet zo goed in mijn relaties, maar ik vind het niet erg om alleen te zijn'). De houding die jonge mensen aannemen tegenover alleen zijn is ook op zich interessant. Vanaf de adolescentie gaan jonge mensen in toenemende mate de voordelen inzien van tijd die ze alleen doorbrengen (Larson, 1997). Een tijdlang alleen zijn kan bijdragen tot psychisch herstel doordat men kan nadenken of tot rust kan komen.

Eenzaamheid bij kinderen en adolescenten

Onderzoek over eenzaamheid bij kinderen is traag op gang gekomen. Lange tijd was er twijfel of kinderen het concept wel konden begrijpen en of het fenomeen wel op betrouwbare wijze gemeten kon worden. De laatste jaren zijn er echter heel wat aanwijzingen gevonden dat kinderen wel degelijk inzicht hebben in eenzaamheid, dat ze die ideeën ook in hun eigen woorden kunnen uitdrukken en dat het daarom mogelijk is om gevoelens van eenzaamheid ook op jonge leeftijd te meten.

Begrijpen en ervaren van eenzaamheid

Interviewstudies tonen aan dat de meeste kinderen op de basisschool (9 tot 11 jaar) verwijzen naar sociale tekorten (bijvoorbeeld niemand hebben om mee te spelen, uitgesloten worden of geen vrienden hebben) en naar negatieve emoties (bijvoorbeeld bedroefd zijn) als ze in hun eigen woorden omschrijven wat eenzaamheid is. Slechts een kleine minderheid (ongeveer 20%) verwijst daarbij naar alleen zijn, wat suggereert dat de meeste kinderen deze objectieve toestand kunnen onderscheiden van de subjectieve gevoelens van eenzaamheid (Chipuer, 2004). Als hun specifiek gevraagd wordt of er een verschil bestaat tussen eenzaamheid en alleen zijn, dan zeggen de meeste kinderen (70%) dat dat inderdaad zo is. Een aanzienlijk aantal kinderen geeft aan dat alleen zijn ook positieve functies kan hebben (40%) en dat sommige mensen er zelf voor kiezen om alleen te zijn (60%). Kinderen aan het eind van de basisschool (11 jaar) vertonen wel een duidelijker inzicht in het verschil tussen eenzaam zijn en alleen zijn en in de positieve functies en het mogelijk vrijwillige karakter van alleen zijn dan jongere kinderen (7 jaar) (Galanaki, 2004).

Het feit dat kinderen al op jonge leeftijd de essentie van eenzaamheid en alleen zijn kunnen weergeven, sluit niet uit dat hun inzicht in deze fenomenen of hun ervaring daarmee verandert naarmate zij ouder worden. Op verschillende leeftijden kunnen allerlei ervaringen aanleiding geven tot eenzaamheid. Aan het begin van de kleuterschool wordt eenzaamheid vaak ervaren als een gemis aan aandacht van anderen. Wat oudere kleuters voelen zich vooral eenzaam als zij niemand hebben om mee te spelen. Op de basisschool kan eenzaamheid ontstaan als kinderen onheus behandeld worden door de groep van leeftijdgenoten waar ze vaak mee optrekken. Als vriendschappen meer diepgang en intimiteit krijgen tijdens de overgang naar de adolescentie dan kan eenzaamheid optreden wanneer men zich verraden voelt door de beste vriend of hartsvriendin. In de adolescentie willen jongeren vooral hun eigen identiteit ontdekken, wat vaak gebeurt in romantische relaties. Eenzaamheid kan dan ervaren worden wanneer men zijn identiteit niet vindt of niet tot intieme relaties kan komen. Omdat eenzaamheid in elk van deze ontwikkelingsfasen een specifieke oorzaak heeft, wordt de ervaring van eenzaamheid ook anders gekleurd. Deze ervaring varieert van een vaag gevoel van onbehagen bij kleuters tot gevoelens van leegte en vervreemding bij adolescenten (Parkhurst & Hopmeyer, 1999).

Achtergronden en mogelijke oorzaken

In onderzoek bij volwassenen worden drie soorten theorieën over eenzaamheid onderscheiden (Marangoni & Ickes, 1989). Deze theorieën leggen respectievelijk de klemtoon op de sociale behoeften, persoonlijkheid en sociaal gedrag en cognitieve factoren. Volgens de theorie van de *sociale behoeften* ontstaat eenzaamheid wanneer het netwerk van sociale relaties van een bepaalde persoon onvoldoende mogelijkheden biedt om aan zijn sociale behoeften te voldoen. Een tweede theorie legt het accent op de *persoonlijkheid* en het *sociaal gedrag*. Eenzame mensen gedragen zich op een zodanige manier dat het voor andere mensen moeilijk wordt om tot bevredigende contacten met hen te komen. Deze onaangepaste vormen van sociale interactie zouden uiteindelijk terug te voeren zijn tot bepaalde persoonlijkheidseigenschappen. De *cognitieve* theorie, ten slotte, gaat ervan uit dat eenzaamheid pas zijn echte betekenis en volle impact krijgt door een reeks van processen die verband houden met zelfevaluatie. Vooral wanneer eenzame mensen de oorzaak van hun sociale mislukkingen bij zichzelf leggen en ervan uitgaan dat deze oorzaak niet zal veranderen en dat zij dus geen controle over de oorzaak kunnen hebben, kunnen zij gaan lijden aan chronische gevoelens van eenzaamheid.

Over cognitieve aspecten van eenzaamheid is vooral onder universiteitsstudenten veel onderzoek gedaan. Sommige bevindingen bij jongere leeftijdsgroepen wijzen ook op het belang van cognitieve processen. Naarmate kinderen eenzamer worden, leggen zij meer de schuld bij zichzelf (Renshaw & Brown, 1993). Onderzoek bij kinderen en adolescenten is echter vaak gebaseerd op de overige twee soorten theorieën, met opvallende verschillen in het belang dat aan elk van deze typen van theorieën in de verschillende levensfasen gehecht wordt.

In de kinderjaren

Bij kinderen wordt voor het verklaren van eenzaamheid in verhouding meer aandacht besteed aan onbevredigende sociale ervaringen en relatief minder aan persoonlijke kenmerken. Verschillende negatieve sociale ervaringen tonen een samenhang met eenzaamheid. Kinderen die niet goed aanvaard worden in de klas zijn eenzamer (Asher, Parkhurst, Hymel & Williams, 1990) en dat geldt in het bijzonder voor kinderen die verworpen worden (wat wil zeggen dat zij vaak genoemd worden als medeleerlingen waar men niet graag mee speelt en zelden als kinderen waar men graag mee optrekt; Newcomb, Bukowski & Pattee, 1993). Ook kinderen die gepest worden (Hawker & Boulton, 2000) en die geen goede vrienden hebben (Parker & Asher, 1993) zijn eenzamer. Kinderen die een minder goede relatie hebben met hun beste vriend of vriendin, omdat ze weinig steun in deze relatie ervaren of omdat ze vaak ruzie hebben, zijn ook eenzamer. In studies waarin men meerdere van deze ervaringen tegelijkertijd onderzocht, bleek dat ze elk een eigen bijdrage tot de gevoelens van eenzaamheid leverden (Ladd, Kochenderfer & Coleman, 1997; Parker & Asher, 1993). Dat betekent dat men voor elk kind afzonderlijk moet nagaan of de ervaren eenzaamheid vooral te maken heeft met een gebrek aan aanvaarding door leeftijdgenoten, met gepest worden, met een gemis aan vrienden of met een geringe kwaliteit van de vriendschappen (Asher & Paquette, 2003). Zoals in de gevalsstudie van Mark aan het begin van dit hoofdstuk zal een ervaren psycholoog moeten uitzoeken waar de oorzaak of oorzaken liggen van de eenzaamheid.

Ook de persoonlijke kenmerken van kinderen kunnen bijdragen tot gevoelens van eenzaamheid. Bij de kinderen die verworpen worden door hun klasgenoten kan men twee subgroepen onderscheiden, die respectievelijk agressief gedrag en teruggetrokken gedrag vertonen. De laatstgenoemde groep is duidelijk eenzamer dan het gemiddelde kind in de klas, terwijl dat voor de eerstgenoemde groep niet het geval is (Parkhurst & Asher, 1992). Men kan veronderstellen dat zowel het teruggetrokken gedrag als de negatieve ervaringen die kinderen hebben met leeftijdgenoten bijdragen tot eenzaamheid (bijvoorbeeld Boivin & Hymel, 1997). Het gebrek aan aanvaarding, dat samenhangt met teruggetrokken en agressief gedrag, hangt soms niet direct samen met eenzaamheid. Gevoelens van eenzaamheid treden dan alleen op wanneer het niet-aanvaarde kind weinig vrienden heeft of de bestaande vriendschappen niet van hoge kwaliteit zijn (Nangle, Erdley, Newman, Mason & Carpenter, 2003). Zulke modellen, waarin een bepaalde opeenvolging van negatieve sociale ervaringen wordt verondersteld (zogenaamde *sequentiële* modellen), steunen op het idee dat sociale aanvaarding op iedere leeftijd belangrijk is, ook bij de aanvang van de basisschool, terwijl vriendschap een grotere intimiteit en een groter belang krijgt tegen het einde van de basisschoolleeftijd (Pedersen, Vitaro, Barker & Borge, 2007). Ten slotte blijkt uit verschillende studies dat eenzaamheid leidt tot depressie (Boivin, Poulin & Vitaro, 1994; Nangle et al., 2003). Het wetenschappelijk onderzoek suggereert dus dat onaangepast gedrag van kinderen aanleiding kan zijn tot geringe sociale aanvaarding in de klas, dat zich vertaalt in problemen met vriendschappen of gepest worden, dat vervolgens weer leidt tot eenzaamheid en uiteindelijk tot een depressieve stemming.

Omdat veel van de negatieve ervaringen die samenhangen met eenzaamheid te maken hebben met de omgang met andere kinderen op school kunnen leerkrachten een belangrijke rol spelen in de vroegtijdige identificatie en opvang van eenzame kinderen en bij de verwijzing naar gespecialiseerde hulpverlening. Uit het weinige onderzoek dat hierover gedaan is, blijkt dat leerkrachten met enig succes eenzame kinderen kunnen identificeren, al baseren ze zich dan vooral op het uiterlijk waarneembare gedrag van hun leerlingen en niet op hun emotionele toestand. De meeste leerkrachten vinden ook dat het tot hun taak behoort om eenzame of dus eigenlijk sociaal geïsoleerde kinderen te helpen, maar ze voelen zich niet goed voorbereid op die rol. Uit interviewstudies blijkt dat kinderen ook denken dat leerkrachten de problemen van eenzame kinderen mee kunnen oplossen, onder meer door de andere kinderen op de geïsoleerde positie van sommige medeleerlingen te wijzen of door op andere manieren steun te bieden aan de sociaal zwakkere leerlingen in de klas (Galanaki & Vassilopoulou, 2007).

In de adolescentie

Bij adolescenten wordt bij het verklaren van eenzaamheid relatief minder aandacht besteed aan sociale ervaringen en meer aan persoonlijke kenmerken. Uit een overzicht van de literatuur waarin de bevindingen van 95 studies werden samengevat, bleek dat eenzaamheid vooral samenhing met depressieve symptomen, met verlegenheid en met een geringe zelfwaardering (Mahon, Yarcheski, Yarcheski, Cannella & Hanks, 2006). Deze samenhangen sluiten aan bij het idee dat eenzame adolescenten, doordat ze in beslag genomen worden door hun eigen depressieve problematiek, doordat ze geen sociale initiatieven durven nemen en doordat ze weinig zelfvertrouwen hebben, weinig interessante partners zijn in sociale interacties.

Onderzoek heeft bovendien aangetoond dat adolescenten die het moeilijk hebben met de ontwikkelingstaken die eigen zijn aan hun leeftijd zich eenzamer voelen. Jongeren die een verwarde identiteit hebben, zijn het eenzaamst en jongeren die een stevig uitgebouwde identiteit hebben, zijn het minst eenzaam in hun relaties met leeftijdgenoten (Goossens, 2006; Goossens & Marcoen, 1999). Ook de geleidelijke omvorming van de gehechtheidsrelatie met de ouders, die in de adolescentie plaatsvindt en die ook verbonden is met de vorming van de eigen identiteit, vertoont een samenhang met eenzaamheid. Adolescenten die een veilige gehechtheidsrelatie met hun ouders hebben, zijn het minst eenzaam in hun relaties met leeftijdgenoten. Hun veilige relatie met de ouders vormt waarschijnlijk een model waarop alle latere relaties met personen van buiten het gezin gebaseerd zijn.

Ook de houding tegenover alleen zijn vertoonde een samenhang met de genoemde ontwikkelingstaken. Zo bleek dat adolescenten die een bijzonder type van gehechtheid vertonen, namelijk afhankelijke gehechtheid, zeer negatief staan tegenover alleen zijn (Goossens, Marcoen, Van Hees & Vandewoestyne, 1998). Deze resultaten sluiten dus aan bij de idee waar eerder in dit hoofdstuk al op gewezen werd, dat de ervaring van eenzaamheid en de houding tegenover alleen zijn mee-gekleurd kunnen zijn door de ontwikkelinstaken of de sociale uitdagingen die in specifieke fasen van het leven aan de orde zijn.

Eenzaamheid en klinische groepen

Traditioneel wordt in de klinische diagnostiek weinig aandacht besteed aan gevoelens van eenzaamheid. Eenzaamheid is immers geen afzonderlijke diagnostische categorie en kan daarom niet gemeten en niet behandeld worden. De laatste tijd wordt ervoor gepleit om bij de diagnostiek van volwassenen toch meer aandacht aan het fenomeen te besteden en wel om twee redenen. Ten eerste kunnen relationele problemen, die als complicerende of versterkende factor bij allerlei stoornissen kunnen voorkomen, zulke ernstige vormen aannemen dat zij klinische aandacht verdienen. Eenzaamheid kan een onderdeel vormen van dergelijke relationele problemen. Ten tweede hangen vele problemen (zoals suïcide en alcoholmisbruik) samen met chronische eenzaamheid (Heinrich & Gullone, 2006).

Ook bij kinderen en adolescenten kan eenzaamheid een complicerende en versterkende factor vormen bij diverse syndromen. In een groep kinderen (6 tot 12 jaar) die opgenomen waren in een kinderpsychiatrisch behandelingscentrum om uiteenlopende redenen (zoals agressieve of destructieve neigingen, suïcidepoging, of ernstige moeilijkheden in het gezin) waren er duidelijke samenhangen tussen eenzaamheid en de variabelen die eerder in het onderzoek bij adolescenten belangrijk bleken, met name depressieve stemming, angst en geringe zelfwaardering (Ammerman, Kazdin & Van

Hasselt, 1993). Vele adolescenten die gedurende langere tijd eenzaam waren in het middelbaar onderwijs beantwoordden enkele jaren later, bij de overgang naar het hoger onderwijs, aan de klinische criteria voor *depressie* (Koenig & Abrams, 1999). Omdat het hier over onderzoek bij kleine groepen gaat, is enige voorzichtigheid geboden bij het veralgemenen van deze resultaten.

De duidelijkste samenhangen met eenzaamheid worden gevonden bij een aantal psychische stoornissen van kinderen en adolescenten, waarbij in de DSM-IV bij de diagnose verwezen wordt naar moeilijkheden om op een gepaste manier om te gaan met leeftijdgenoten. Kinderen (Beidel, Turner & Morris, 1999) en adolescenten (Beidel, Turner, Young, Ammerman, Sallee & Crosby, 2007) met *sociale fobie* scoren significant hoger op de *Children's Loneliness Scale* (CLS) dan een normale vergelijkingsgroep. Kinderen met sociale fobie zijn ook eenzamer dan kinderen met specifieke (dus nietsociale) fobieën, die wat eenzaamheid betreft niet verschillen van een normale vergelijkingsgroep (Strauss & Last, 1993). Ook kinderen met *autisme* (Bauminger, Shulman & Agam, 2003) en adolescenten met het syndroom van Asperger (Whitehouse, Durkin, Jaquet & Ziatas, 2009) scoren significant hoger dan normale vergelijkingsgroepen op gestandaardiseerde metingen van eenzaamheid.

Diagnose

Er bestaan verschillende schalen om eenzaamheidsgevoelens te meten, waarvan de meeste in de Verenigde Staten zijn ontwikkeld. Bij kinderen kan men de *Children's Loneliness Scale* (CLS) (Asher, Hymel & Renshaw, 1984) gebruiken en bij adolescenten wordt in de meeste onderzoeken de UCLA *Loneliness Scale* (Russell, Peplau & Cutrona, 1980) gebruikt. Met deze instrumenten wordt gepeild naar de inschatting van de kwaliteit van de bestaande sociale relaties ('Ik heb niemand om mee te praten') en naar de negatieve emoties die samengaan met de ervaring van een tekort of gemis in deze relaties ('Ik voel me uitgestoten'). In het Nederlandse taalgebied werd de Leuvense Eenzaamheidsschaal voor Kinderen en Adolescenten (LEKA) (Marcoen, Goossens & Caes, 1987) ontwikkeld. Met dit instrument wordt eenzaamheid gemeten in twee verschillende relaties, die met de ouders en die met leeftijdgenoten. De uitspraken over de inschatting van de kwaliteit van de relaties en over de negatieve gevoelens zijn dan specifiek gericht op elk van deze relaties (bijvoorbeeld: 'Ik denk dat ik minder vrienden heb dan anderen' en 'Ik voel me in de steek gelaten door mijn ouders'). Daarnaast worden in de LEKA ook negatieve gevoelens in verband met ongewild alleen zijn en positieve gevoelens in verband met zelfgekozen afzondering gemeten. Dit gebeurt met uitspraken als: 'Als ik alleen ben, krijg ik het benauwd' en: 'Als ik alleen ben, word ik rustig'.

Bovengenoemde schalen werden tot op heden bijna uitsluitend gebruikt in onderzoek waarin groepen met elkaar vergeleken worden. Ze zijn voldoende betrouwbaar (of intern consistent) om voor deze specifieke toepassing ingezet te worden. Of zij ook in een klinische setting bruikbaar zijn, moet nog blijken. Omdat er geen normgegevens beschikbaar zijn, kan men alleen maar zeer globale uitspraken doen over de behaalde score op deze instrumenten. Een zeer hoge score op dergelijke schalen kan een aansporing zijn voor hulpverleners om door middel van observatie en gesprek het probleem nader te onderzoeken, zoals werd beschreven in de gevalsstudie van Mark aan het begin van dit hoofdstuk. Omdat de uitspraken in de eenzaamheidsmetingen niet naar de precieze oorzaak van de ervaren eenzaamheid vragen, moet men in bijkomende gesprekken de precieze oorzaak of mogelijk oorzaken ervan proberen te verduidelijken.

Behandeling

Omdat eenzame mensen vaak niet goed kunnen omgaan met andere mensen en omdat verlegenheid en sociale angst een duidelijke samenhang vertonen met eenzaamheid lijkt het aangewezen om *sociale-vaardigheidstraining* aan te bieden aan eenzame kinderen en adolescenten. In de gevalsstudie van Mark aan het begin van dit hoofdstuk werd hier een goed resultaat mee bereikt en nam de ervaren eenzaamheid duidelijk af na de interventie. De conclusies van het onderzoek naar de effectiviteit van sociale-vaardigheidstrainingen bij eenzaamheid zijn eerder genuanceerd. Zulke interventies die specifiek gericht zijn op het verminderen van eenzaamheid zijn zeldzaam. Er werden bij universiteitsstudenten maar enkele studies uitgevoerd met extreem hoge scores op gestandaardiseerde metingen van eenzaamheid en die waren geen onverdeeld succes (Adams, Openshaw, Bennion, Mills & Noble, 1988; McWhirter &

Horan, 1993). De vastgestelde afname van de eenzaamheidsgevoelens bleef beperkt tot de minder ernstige vormen van eenzaamheid en verdween al snel of werd ook in de controlegroep vastgesteld. Bij sociale-vaardigheidstraining bij jonge patiënten met sociale fobie werd wel een duidelijke afname van eenzaamheid vastgesteld (Beidel, Turner & Morris, 2000; Beidel, Turner, Sallee, Ammerman, Crosby & Pathak, 2007) en dat effect was ook na vijf jaar nog merkbaar (Beidel, Turner & Young, 2006). Deze positieve resultaten sluiten aan bij recente overzichten van de literatuur die aangeven dat deze interventies bij dit type van problematiek wel degelijk effect behalen (bijvoorbeeld Segool & Carlson, 2008). Bij kinderen met autisme hebben dergelijke trainingen geen effect (zie bijvoorbeeld Bauminger, 2007). Deze bevindingen sluiten aan bij een recent overzicht van de literatuur dat ermee besluit dat interventies voor kinderen met dit type stoornis nog in hun kinderschoenen staan en algemeen genomen geen duidelijk effect vertonen (Rao, Beidel & Murray, 2008).

Samenvatting en conclusie

Nadat onderzoekers hun initiële terughoudendheid rond het begrip hadden opgegeven, hebben zij eenzaamheid de laatste jaren goed bestudeerd bij kinderen. Eenzaamheid bij adolescenten heeft in verhouding wat minder aandacht gekregen. Er bestaan verschillende gestandaardiseerde metingen van het concept, maar door het ontbreken van normen is het lastig om de scores op deze vragenlijsten te interpreteren. Men kan eigenlijk enkel een opvallend hoge score aangrijpen als uitgangspunt voor een gesprek met de betrokken kinderen en adolescenten en hun omgeving over de beleefde kwaliteit van de sociale relaties. In een uitgebreid diagnostisch onderzoek moet de specifieke achtergrond van het probleem, die bij ieder kind en iedere adolescent een andere vorm kan aannemen, uitgeklaard worden. De verschillende theorieën over de factoren die eenzaamheid doen ontstaan en in stand houden – en de bevindingen uit het omvangrijke wetenschappelijke onderzoek over het thema – kunnen bij dit diagnostische werk voor inspiratie zorgen. Om theoretische of conceptuele redenen lijkt het ook aangewezen om de houding ten opzichte van alleen zijn te onderzoeken bij kinderen en adolescenten. Dit idee zou verder uitgewerkt moeten worden, bijvoorbeeld door profielen van eenzaamheid en houding ten opzichte van alleen zijn te onderscheiden (bijvoorbeeld: 'is niet-eenzaam en is graag alleen' tegenover 'is eenzaam en heeft een afkeer van alleen zijn') en hun implicaties voor welbevinden en psychologische aanpassing te onderzoeken. Eenzaamheid is voorlopig weinig bestudeerd bij klinische groepen, al lijkt er in de klinische sector geleidelijk toch meer belangstelling te groeien voor het fenomeen. Interventies die gericht zijn op het verbeteren van sociale vaardigheden kunnen bij sommige groepen van kinderen en adolescenten leiden tot een vermindering van de eenzame gevoelens.

Literatuur

Aangehaalde literatuur

Adams, G. R., Openshaw, D. K., Bennion, L., Mills, T. & Noble, S. (1988). Loneliness in late adolescence: A social skills training study. *Journal of Adolescent Research, 3*, 81-96.

Ammerman, R.T., Kazdin, A.E. & Van Hasselt, V.B. (1993). Correlates of loneliness in nonreferred and psychiatrically hospitalized children. *Journal of Child and Family Studies, 2*, 187-202.

Asher, S.R., Hymel, S. & Renshaw, P.D. (1984). Loneliness in children. *Child Development, 55*, 1456-1464.

Asher, S.R. & Paquette, J.A. (2003). Loneliness and peer relations in childhood. *Current Directions in Psychological Science, 12*, 75-78.

Asher, S.R., Parkhurst, J.T., Hymel, S. & Williams, G.A. (1990). Peer rejection and loneliness in childhood. In S.R. Asher & J.D. Coie (Eds.), *Peer rejection in childhood* (pp. 253-273). New York: Cambridge University Press.

Bauminger, N. (2007). Individual social-multi-modal intervention for HFASD. *Journal of Autism and Developmental Disorders, 37*, 1593-1604.

Bauminger, N., Shulman, C. & Agam, G. (2003). Peer interaction and loneliness in high-functioning children with autism. *Journal of Autism and Developmental Disorders, 33*, 489-507.

Beidel, D.C., Turner, S.M. & Morris, T.L. (1999). Psychopathology of childhood social phobia. *Journal of the American Academy of Child and Adolescent Psychiatry, 38*, 643-650.

Beidel, D.C., Turner, S.M. & Morris, T.L. (2000). Behavioral treatment of childhood social phobia. *Journal of Consulting and Clinical Psychology, 68*, 1072-1080.

Beidel, D.C., Turner, S.M., Sallee, F.R., Ammerman, R.T., Crosby, L. & Pathak, S. (2007). SET-C versus fluoxetine in the treatment of childhood social phobia. *Journal of the American Academy of Child and Adolescent Psychiatry, 46*, 1622-1632.

Beidel, D.C., Turner, S.M. & Young, B.J. (2006). Social effectiveness therapy for children: Five years later. *Behavior Therapy, 37*, 416-425.

Beidel, D.C., Turner, S.M., Young, B.J., Ammerman, R.T., Sallee, F.R. & Crosby, L. (2007). Psychopathology of adolescent social phobia. *Journal of Psychopathology and Behavioral Assessment, 29*, 47-54.

Boivin, M. & Hymel, S. (1997). Peer experiences and social self-perceptions: A sequential model. *Developmental Psychology, 33*, 135-145.

Boivin, M., Poulin, F. & Vitaro, F. (1994). Depressed mood and peer rejection in childhood. *Development and Psychopathology, 6*, 483-498.

Chipuer, H.M. (2004). Australian children's understanding of loneliness. *Australian Journal of Psychology, 56*, 147-153.

Galanaki, E. (2004). Are children able to distinguish among the concepts of aloneness, loneliness, and solitude? *International Journal of Behavioral Development, 28*, 4345-443.

Galanaki, E.P. & Vassilopoulou, H.D. (2007). Teachers and children's loneliness: A review of the literature and educational implications. *European Journal of Psychology of Education, 22*, 455-475.

Goossens, L. (2006). Affect, emotion, and loneliness in adolescence. In S. Jackson & L. Goossens (Eds.), *Handbook of adolescent development* (pp. 51-70). Hove, UK: Psychology Press.

Goossens, L. & Beyers, W. (2002). Comparing measures of childhood loneliness: Internal consistency and confirmatory factor analysis. *Journal of Clinical Child and Adolescent Psychology, 31*, 252-262.

Goossens, L. & Marcoen, A. (1999). Adolescent loneliness, self-reflection, and identity: From individual differences to developmental processes. In K.J. Rotenberg & S. Hymel (Eds.), *Loneliness in childhood and adolescence* (pp. 225-243). New York: Cambridge University Press.

Goossens, L., Marcoen, A., Van Hees, S. & Vandewoestyne, O. (1998). Attachment style and loneliness in adolescence. *European Journal of Psychology of Education, 13*, 529-542.

Hawker, D.S.J. & Boulton, M.J. (2000). Twenty years' research on peer victimization and psychosocial adjustment: A meta-analytic review of cross-sectional studies. *Journal of Child Psychology and Psychiatry, 41*, 441-455.

Heinrich, L. M. & Gullone, E. (2006). The clinical significance of loneliness: A literature review. *Clinical Psychology Review, 26*, 695-718.

Koenig, L.J. & Abrams, R.F. (1999). Adolescent loneliness and adjustment: A focus on gender differences. In K.J. Rotenberg & S. Hymel (Eds.), *Loneliness in childhood and adolescence* (pp. 296-322). New York: Cambridge University Press.

Ladd, G.W., Kochenderfer, B.J. & Coleman, C.C. (1997). Friendship quality as a predictor of young children's early school adjustment. *Child Development, 67*, 1103-1118.

LaGreca, A.M. (1997). Children's problems with friends. *In Session: Psychotherapy in Practice, 3*, 21-41.

Larson, R.W. (1997). The emergence of solitude as a constructive domain of experience in early adolescence. *Child Development, 68,* 80-93.

Mahon, N.E., Yarcheski, A., Yarcheski, T.J., Cannella, B.L. & Hanks, M.M. (2006). A meta-analytic study of predictors for loneliness during adolescence. *Nursing Research, 55,* 308-315.

Marangoni, C. & Ickes, C.W. (1989). Loneliness: A theoretical review with implications for measurement. *Journal of Social and Personal Relationships, 6,* 93-128.

Marcoen, A. & Goossens, L. (1993). Loneliness, attitude toward aloneness, and solitude: Age differences and developmental significance during adolescence. In S. Jackson & H. Rodriguez-Tomé (Eds.), *Adolescence and its social worlds* (p. 197-227). Hove, UK: Erlbaum.

Marcoen, A., Goossens, L. & Caes, P. (1987). Loneliness in pre- through late adolescence: Exploring the contributions of a multidimensional approach. *Journal of Youth and Adolescence, 16,* 561-577.

McWhirter, B.T. & Horan, J.J. (1993). Construct validity of cognitive-behavioral treatments for intimate and social loneliness. *Current Psychology, 15,* 42-52.

Nangle, D.W., Erdley, C.A., Newman, J.E., Mason, C.A. & Carpenter, E.M. (2003). Popularity, friendship quantity, and friendship quality: Interactive influences on children's loneliness and depression. *Journal of Clinical Child and Adolescent Psychology, 32,* 546-555.

Newcomb, A.F., Bukowski, W.M. & Pattee, L. (1993). Children's peer relations: A meta-analytic review of popular, rejected, neglected, controversial, and average sociometric status. *Psychological Bulletin, 113,* 99-128.

Parker, J.G. & Asher, S.R. (1993). Friendship and friendship quality in middle childhood: Links with peer group acceptance and feelings of loneliness and social dissatisfaction. *Developmental Psychology, 29,* 611-621.

Parkhurst, J.T. & Asher, S.R. (1992). Peer rejection in middle school: Subgroup differences in behavior, loneliness, and interpersonal concerns. *Developmental Psychology, 28,* 231-241.

Parkhurst, J.T. & Hopmeyer, A. (1999). Developmental change in the source of loneliness in childhood and adolescence: Constructing a theoretical model. In K.J. Rotenberg & S. Hymel (Eds.), *Loneliness in children and adolescents* (pp. 56-79). New York: Cambridge University Press.

Pedersen, S., Vitaro, F., Barker, E.D. & Borge, A.I.H. (2007). The timing of middle childhood peer rejection and friendship: Linking early behavior to early adolescent adjustment. *Child Development, 78,* 1037-1051.

Perlman, D. & Peplau, L.A. (1981). Toward a social psychology of loneliness. In R. Gilmour & S. Duck (Eds.), *Personal relationships: 3. Relationships in disorder* (pp. 31-56). London: Academic Press.

Rao, P.A., Beidel, D.C. & Murray, M.J. (2008). Social skills interventions for children with Asperger's syndrome or high-functioning autism: A review and recommendations. *Journal of Autism and Developmental Disorders, 38,* 353-361.

Renshaw, P.D. & Brown, P.J. (1993). Loneliness in middle childhood: Concurrent and longitudinal predictors. *Child Development, 64,* 1271-1284.

Russell, D., Peplau, L.A. & Cutrona, C.E. (1980). The revised UCLA Loneliness Scale: Concurrent and discriminant validity evidence. *Journal of Personality and Social Psychology, 39*, 472-480.

Segool, N.K. & Carlson, J.S. (2008). Efficacy of cognitive-behavioral and pharmacological treatments for children with social anxiety disorder. *Depression and Anxiety, 25*, 620-631.

Strauss, C.C. & Last, C.G. (1993). Social and simple phobias in children. *Journal of Anxiety Disorders, 7*, 141-152.

Whitehouse, A.J.O., Durkin, K., Jaquet, E. & Ziatas, K. (2009). Friendship, loneliness, and depression in adolescents with Asperger's syndrome. *Journal of Adolescence, 32*, 309-322.

Aanbevolen literatuur voor de werker in de eerste lijn

Goossens, L. (2004). Eenzaamheid en alleen zijn bij adolescenten: Een overzicht van het Leuvense onderzoek. In L. Goossens, D. Hutsebaut & K. Verschueren (Eds.), *Ontwikkeling en levensloop: Liber amicorum Alfons Marcoen* (pp. 151-169). Leuven: Universitaire Pers Leuven.

Goossens, L. & Marcoen, A. (1994). Eenzaamheid in de adolescentie. In J.D. Bosch, H.A. Bosma, D.N. Oudshoorn, J. Rispens & A. Vyt (Eds.), *Jaarboek ontwikkelingspsychologie, orthopedagogiek en kinderpsychiatrie 1, 1994-1995* (pp. 190-210). Houten: Bohn Stafleu van Loghum.

Marcoen, A. (1989). Eenzaamheid: Een fenomeen met vele gezichten. In A.M. Collot d'Escury-Koenigs & M. Taal (red.), *Eenzaamheid en identiteit over de levensloop: Onderzoek en praktijk* (pp. 1-8). Amsterdam: Nederlands Instituut van Psychologen.

Marcoen, A. (1990). Verveling en eenzaamheid: Onderzoek bij kinderen en adolescenten. *Kind en Adolescent, 11*, 18-23.

Marcoen, A. & Goossens, L. (1990). De Leuvense Eenzaamheidsschaal voor Kinderen en Adolescenten [The Louvain Loneliness Scale for Children and Adolescents (LLCA)]. *Nederlands Tijdschrift voor de Psychologie, 45*, 289-292.

Marcoen, A. & Van den Bergh, B. (1983). Eenzaamheid bij adolescenten: Een verkenning in opstellen van 11-, 13- en 15-jarigen. *Kind en Adolescent, 4*, 169-178.

5 Faalangst

N. Cohen de Lara-Kroon en E.S. van Efferen-Wiersma

Inleiding

De verschijnselen van faalangst zijn voor veel mensen gemakkelijk te herkennen. Op scholen weten leerlingen de klachten en de daaraan ten grondslag liggende mechanismen vaak feilloos te omschrijven. Tevens zijn leerkrachten en ouders meestal wel bekend met de problematiek.

> Anneke, die in de tweede klas van de havo zit, vertelt: 'Als ik een repetitie Engels heb, zit ik er altijd heel lang op te leren. Maar dan krijg ik de vragen voor m'n neus en dan weet ik het echt niet meer, gewoon een black-out. Mijn mentor dacht dat het faalangst zou kunnen zijn'. De mentor van Anneke: 'Het is zeker geen domme meid en ik had eigenlijk verwacht dat zij met gemak de havo zou kunnen halen. Toch heeft zij regelmatig onvoldoendes, terwijl ik zeker weet dat zij veel tijd aan haar huiswerk besteedt. Omdat er zo'n verschil is tussen wat zij volgens mij kan en wat eruit komt, denken wij dat faalangst wel een rol speelt'.
>
> De leraar Engels vertelt over Louis: 'Elke keer als hij een spreekbeurt krijgt, zie je dat zo'n jongen een rode kop krijgt en vreselijk staat te stuntelen. Hij is ook niet zo heel erg populair bij de andere leerling; volgens mij is hij gewoon bang dat hij uitgelachen wordt. Zou je dit ook een vorm van faalangst kunnen noemen?'

Faalangst komt niet alleen op school voor. In iedere situatie waarin een prestatie geleverd moet worden, kunnen mensen last hebben van faalangst.

> Jeannette meldt zich aan bij een psychologenpraktijk omdat zij binnenkort het examen voor schoonheidsspecialist gaat afleggen. Zij is al vier keer gezakt voor het examen. 'Als ik daar sta, merk ik dat mijn handen gelijk gespannen worden, terwijl ik daar anders helemaal geen last van heb. En het enige waar ik aan kan denken, is: "Ik MOET het halen deze keer!"'

Anneke, Louis en Jeannette vertonen belangrijke kenmerken van faalangst. Bij alle drie is sprake van een prestatiesituatie, waarbij zich bepaalde verschijnselen voordoen. Ze worden gespannen en onzeker, ze kunnen niet goed nadenken of komen niet goed uit hun woorden. Ze hebben ook last van lichamelijke reacties zoals blozen, hartkloppingen en trillende handen. Hun prestaties zijn vaak onvoldoende of, zoals de mentor van Anneke opmerkte, zij presteren niet volgens de verwachtingen.

Faalangst is geen 'ziekte' en wordt niet genoemd in het handboek van psychische stoornissen DSM-IV-TR (American Psychiatric Association, 2000), dat in de geestelijke gezondheidszorg wordt gehanteerd. Net als het begrip 'stress', dat evenmin in DSM-IV-TR voorkomt, is faalangst een nuttig concept omdat men daarmee aandacht kan besteden aan het verbeteren van het algemeen welbevinden van het individu zonder dat de problematiek noodzakelijkerwijs in de geestelijke gezondheidszorg thuishoort.

In de onderwijswereld is tegenwoordig veel belangstelling voor faalangst. Er wordt geschat dat ongeveer 10% van de leerlingen last heeft van sterke faalangst, terwijl nog eens 10 tot 15% in prestatiesituaties niet optimaal functioneert. Dit aantal loopt op tijdens examenperiodes binnen het voortgezet onderwijs. Nieuwenbroek (2006) geeft aan dat ruim 20% van alle eindexamenleerlingen last heeft van examenvrees, een speciale vorm van faalangst. Diverse cursussen over faalangstreductie zijn ontwikkeld voor leerlingen in het basisonderwijs en in het voortgezet onderwijs en er wordt steeds meer voorlichting gegeven aan ouders en leerkrachten.

Beschrijving van faalangst

Definitie van faalangst

Faalangst kan worden omschreven als de onplezierige emotionele toestand die gepaard gaat met fysieke spanning en die zich voordoet bij het leveren van prestaties. Bij een angst om te falen maakt men zich druk om de mogelijkheid dat de prestaties onvoldoende zijn en vooral ook om de negatieve beoordeling daarvan door anderen. Op school komt die negatieve beoordeling tot uiting in een cijfer, maar men kan ook opzien tegen het commentaar van leraar, ouders of klasgenoten.

Vormen van faalangst

Er wordt onderscheid gemaakt tussen verschillende vormen van faalangst op basis van de vaardigheden die bij het presteren vereist zijn (Nieuwenbroek, Ruigrok & De Vries, 1996). *Cognitieve* faalangst verwijst naar het leveren van leerprestaties waarbij men wordt belemmerd in cognitieve vaardigheden zoals het begrijpen, uit het hoofd leren en reproduceren van de leerstof. *Motorische* faalangst heeft betrekking op het uitvoeren van lichamelijke handelingen, waarbij de motorische vaardigheden geblokkeerd raken. Deze vorm van faalangst kan zich bijvoorbeeld voordoen bij een sportwedstrijd, maar ook bij het afleggen van een rijexamen of bij het bedienen van apparaten. Bij *sociale* faalangst is er sprake van spanning die belemmerend werkt in de sociale omgang, zoals wanneer de persoon op een feestje 'dichtslaat' en niets meer weet te zeggen. Er is in feite geen sprake van een prestatiesituatie, maar de persoon ervaart het zich waarmaken in sociaal opzicht als het leveren van een prestatie.

Leeftijd

Het is niet duidelijk op welke leeftijd faalangst ontstaat. Er zijn ook nog geen valide instrumenten ontwikkeld voor de meting van faalangst bij heel jonge kinderen. Wel is uit onderzoek gebleken dat al bij leerlingen van groep vijf en zes een verband aanwezig is tussen faalangst en presteren. Faalangst neemt toe vanaf het achtste jaar. Deze toename is voor een deel te verklaren doordat oudere kinderen vaker te maken hebben met prestatiesituaties. Vooral in het voortgezet onderwijs worden er steeds meer prestaties van de adolescent gevraagd. Daarnaast is de toename van faalangst te verklaren doordat oudere kinderen beter in staat zijn om hun faalangst te onderkennen en te rapporteren, aangezien het vermogen tot zelfreflectie met de leeftijd toeneemt. Na het voortgezet onderwijs neemt de mate van faalangst af (Hembree, 1988).

Verbanden met faalangst

Uit onderzoek blijkt dat er een verband bestaat tussen faalangst en intelligentie (Hembree, 1988). Faalangst komt vaker voor bij kinderen met een gemiddelde intelligentie dan bij hoogintelligente kinderen en komt het meest voor bij kinderen met een matige intelligentie. Het is ook gebleken dat kinderen met leerproblemen vaker last hebben van faalangst. Verder wordt faalangst vaker gesignaleerd bij meisjes dan bij jongens en hebben meisjes over het algemeen hogere scores voor faalangst dan jongens. Mogelijk is dit sekseverschil deels te verklaren doordat jongens defensiever zijn en faalangst minder gauw rapporteren.

Effecten van faalangst

Faalangst kan belangrijke gevolgen hebben voor kinderen en adolescenten. Uitgangspunt is dat de persoon door faalangst wordt belemmerd bij het leveren van prestaties. De faalangstige leerling zou wellicht niet conform zijn of haar mogelijkheden presteren. Door faalangst zouden de schoolloopbaan van de leerling en dus de latere maatschappelijke mogelijkheden op een negatieve manier worden beïnvloed. Het verband tussen faalangst en prestaties is in onderzoek echter niet steeds overtuigend aangetoond. Sommige onderzoekers gaan ervan uit dat nog een andere variabele meespeelt, namelijk de studievaardigheden van de leerling.
Vanuit een ontwikkelingsperspectief kan faalangst een nog belangrijker effect hebben op kinderen en jeugdigen. De adolescentiefase brengt grote veranderingen met zich mee – fysiek, cognitief en sociaal-emotioneel – waarbij de identiteitsontwikkeling centraal

staat. Faalangst gaat gewoonlijk gepaard met een negatief zelfbeeld (Hembree, 1988; Poulie, 1991) en daarmee komt de identiteitsontwikkeling van de jongere onder druk te staan. Vanuit dit perspectief zou faalangst een ongunstige factor in de adolescentie zijn.

Onderscheid met angststoornis

Faalangst is een vorm van angst. Voor de diagnose van een angststoornis volgens DSM-IV dienen de klachten echter intenser en uitgebreider te zijn dan bij faalangst. Bovendien is de angst bij een angststoornis in veel meer situaties aanwezig en niet alleen bij het leveren van prestaties. Bij adolescenten is deze differentiële diagnostiek niet altijd even gemakkelijk, aangezien de school dan een belangrijk deel van het dagelijks leven bepaalt, waardoor de spanning die uit faalangst voortvloeit continu aanwezig kan zijn. Wanneer een adolescent regelmatig weigert om naar school te gaan, zou er sprake kunnen zijn van een 'schoolfobie', die onder de sociale fobieën valt.
Faalangst kan gepaard gaan met psychosomatische klachten als hyperventilatie en functionele hoofd- en buikpijn.

Psychosociale aspecten

De faalangst van een adolescent kan een belangrijke invloed op het gezin hebben en ouders kunnen er op verschillende manieren mee omgaan. Faalangstige kinderen hebben vaak veel moeite met het maken van hun huiswerk en ouders kunnen zich machteloos voelen wanneer hun kind onvoldoendes haalt die aan faalangst te wijten zijn. Sommige ouders reageren door hun kind intensief te begeleiden bij het huiswerk maken. Dergelijke bemoeienissen staan op gespannen voet met de zelfstandigheidsdrang van de adolescent en kunnen tot conflicten in het gezin leiden.

Achtergronden en mogelijke oorzaken

Theoretische modellen

In de theorievorming over faalangst hebben zich enkele verschuivingen voorgedaan in de loop der jaren. Aanvankelijk was faalangst hét onderwerp van psychoanalytisch georiënteerde klinische onderzoeken over prestatiemotivatie. Faalangst werd gedefinieerd in termen van prestatiedrang en de motivatie om falen te vermijden. Vervolgens werd het begrip in de jaren vijftig van de vorige eeuw uitgewerkt binnen de experimentele psychologie en werd er veel onderzoek gedaan naar *test anxiety* als stabiele persoonlijkheidstrek. Trektheorieën gaan ervan uit dat kenmerken van personen de voornaamste verklarende factoren voor gedrag zijn, terwijl de invloed van de situatie als ondergeschikt wordt beschouwd. Deze opvatting impliceerde een geringe mogelijkheid tot verandering, zodat de perspectieven voor de behandeling van faalangst beperkt waren. Een onderscheid tussen trek- en toestandsangst werd daarom zinvoller geacht. Daarmee wordt aangegeven dat sommige individuen angstig zijn in iedere prestatiesituatie, terwijl anderen dat alleen in bepaalde situaties zijn.

In de jaren zeventig van de vorige eeuw is in toenemende mate aandacht besteed aan de rol van denkprocessen bij het ontstaan van faalangst. Uit onderzoek bleek dat faalangstigen hun succes of falen aan andere factoren toeschrijven dan niet-faalangstigen. Succesvolle prestaties worden door hoogfaalangstigen toegeschreven aan externe, niet te beheersen factoren als geringe taakmoeilijkheid, geluk of toeval, terwijl laagfaalangstigen hun succes toeschrijven aan interne, beheersbare factoren als inzet en doorzettingsvermogen. Zo ook wordt het falen door hoogfaalangstigen toegeschreven aan onbeheersbare factoren als onvoldoende capaciteiten, terwijl laagfaalangstigen hun falen toeschrijven aan (gebrek aan) inzet. Tevens richten laagfaalangstigen bij het uitvoeren van een taak hun aandacht op de taak zelf, terwijl hoogfaalangstigen zich laten afleiden door taakirrelevante gedachten zoals de vraag: 'Doe ik het wel goed?' en bovendien minder aandacht besteden aan de informatie die zij nodig hebben voor de taak.

Procesmodel

Faalangst wordt tegenwoordig gedefinieerd als een proces waarin cognitieve en affectief-fysiologische factoren elkaar versterken (Spielberger & Vagg, 1995). De cognitieve factor in dit proces houdt in dat het individu een aantal negatieve gedachten hanteert over het presteren en over de gevolgen daarvan. Deze component wordt ook wel het *piekeren* genoemd. De affectief-fysiologische factor verwijst naar de negatieve gevoelens van angst, spanning en ongemak en naar de autonome fysiologische verschijnselen zoals een versnelde hartslag, transpiratie en blozen. Deze component wordt *emotionaliteit* genoemd. Piekeren en emotionaliteit werken op elkaar in: door de negatieve gedachte: 'Dat lukt mij vast niet' ontstaat een gevoel van angst en spanning en de daarbij horende versnelde hartslag of zweten. Deze fysiologische verschijnselen zelf hebben ook weer een negatief effect, doordat zij de aandacht van de persoon opeisen ('Ik krijg het warm'; 'Waarom ben ik nou zo gespannen?'). Wanneer dit proces de persoon belemmert bij het uitvoeren van taken en leidt tot onvoldoende presteren, is de vicieuze cirkel rond: de faalervaring versterkt de eerdere faalangst, waardoor de kans op een volgend falen wordt vergroot.

Ten slotte is een belangrijk onderdeel van dit procesmodel van faalangst dat het proces ook zijn uitwerking heeft op het zelfbeeld van het individu. Kenmerkend voor faalangstigen is dat zij negatieve veronderstellingen over zichzelf ontwikkelen, doordat zij zichzelf op basis van hun (onvoldoende) prestaties beoordelen. Bovendien hanteren zij negatieve veronderstellingen over de wijze waarop zij door anderen worden geëvalueerd.

Opvoedingsfactoren

De rol van opvoedingsfactoren bij het ontstaan van faalangst is nog onduidelijk. Wanneer ouders zelf prestatiegericht zijn, onrealistische verwachtingen hebben over hun kind en de 'tekortkomingen' van hun kind bij het schoolse presteren niet kunnen accepteren, zullen zij het kind onder druk zetten om beter te presteren. Bij sommige kinderen zou dit kunnen leiden tot faalangst.

Ook aannemelijk is dat het gedrag van de ouders zelf bepalend is voor het ontstaan van faalangst bij kinderen. Faalangstige ouders

zouden als een model fungeren en het faalangstige gedrag van hun kind versterken door de manier waarop zij daarop reageren.
Recent onderzoek laat verder zien dat een veilige gehechtheidsrelatie een beschermend effect kan hebben op het ontstaan van angstgevoelens (Gillissen, 2008). Dit betekent dat leerlingen met een goede relatie met hun ouders minder kans zouden hebben op het ontwikkelen van faalangst. Dit wil echter niet zeggen dat leerlingen met faalangst per definitie een slechte relatie hebben met hun ouders.
Verder lijkt onderzoek uit te wijzen dat ouders van faalangstige kinderen die een probleemoplossende taak krijgen, zich anders opstellen dan ouders van niet-faalangstige kinderen. Zij geven geen constructieve hulp bij het oplossen van de taak en leren hun kind taakirrelevant gedrag aan, terwijl ouders van niet-faalangstige kinderen hun kind taakrelevante responsen en effectieve oplossingsstrategieën aanleren. Dergelijke mechanismen zijn echter nog onvoldoende onderzocht; nader onderzoek naar de rol van dit soort opvoedingsfactoren bij faalangst is gewenst.

De school

Op school bestaat bij uitstek een situatie waarin prestaties geleverd en getoetst worden. Het is dan ook denkbaar dat de manier waarop er onderwijs wordt gegeven een belangrijke factor is bij het ontstaan of in stand houden van faalangst bij bepaalde leerlingen. Zo heeft experimenteel onderzoek aangetoond dat er een verband is tussen de prestaties van faalangstigen en toetscondities. Vergeleken bij een controlegroep was de mate van faalangst significant lager bij personen die van tevoren informatie kregen over de moeilijkheidsgraad van de toets en de verwachte prestatie en bij personen die voldoende werktijd kregen. Anderzijds werd in onderzoek gebaseerd op klassenobservaties slechts een zwakke relatie gevonden tussen de mate van faalangst van de leerling en de stijl van lesgeven van de leerkracht. De rol van verschillende onderwijsvariabelen bij het ontstaan van faalangst is dus nog onvoldoende duidelijk en ook deze omgevingsfactor moet nader onderzocht worden.

Diagnose

Bij de diagnostiek van faalangst worden de ernst en de omvang van de klachten in kaart gebracht. Er moet worden uitgemaakt of er wellicht sprake is van een angststoornis. Bij kinderen en adolescenten die last hebben van faalangst is psychologisch onderzoek vaak ook zinvol om na te gaan of er sprake is van leerstoornissen of andere psychische problemen die primair de aandacht verdienen.

Onderzoeksinstrumenten

Voor de diagnostiek van faalangst kan men gebruik maken van een vragenlijst, die de adolescent zelf kan invullen. Een korte vragenlijst is de *Examen/Toets Attitude Vragenlijst* (ETAV) (Van der Ploeg, 1988). Het invullen van deze lijst vergt slechts vijf à tien minuten. De *Prestatie Motivatie Test voor kinderen* (PMT-K) (Hermans, 1983) is een waardevol instrument, omdat deze vragenlijst onderscheid maakt tussen negatieve en positieve faalangst. De PMT-K is vanaf de leeftijd van 10 jaar te gebruiken, maar de lengte en de aard van de vragen maken dit instrument minder geschikt voor kinderen op de basisschool. Een aanwinst is de *Situatie Specifieke Angst Test* (SSAT) (Bergen & Poulie, 2001). Deze is bestemd voor elf- tot zestienjarigen en stelt een aantal vragen naar aanleiding van acht verschillende situaties op school.

Op middelbare scholen wordt soms gebruik gemaakt van een vragenlijst over het algemene welbevinden op school, die klassikaal wordt afgenomen. Deze *SchoolVragenlijst* (SVL) (Vorst, 1994) kan een aanwijzing geven voor faalangst, vooral dankzij de schaal 'Zelfvertrouwen bij proefwerken', maar ook dankzij de schalen 'Mondelinge uitdrukkingsvaardigheid', 'Sociale vaardigheid' en 'Zich sociaal aanvaard voelen'. Steeds vaker kunnen vragenlijsten ook via het internet ingevuld worden. Een voorbeeld hiervan is de *Vragenlijst Studievoorwaarden* (VSV) (Crins, 2001). Deze lijst onderzoekt verschillende affectieve (studiebereidheid) en cognitieve (studievaardigheden) factoren, waaronder de factor faalangst. Er zijn lijsten voor alle niveaus binnen het voortgezet onderwijs, het mbo en het hbo.

Leerkrachten

Door leerlingen in de klas gericht te observeren, kunnen ook leerkrachten bijdragen aan het onderkennen van faalangst. Er zijn verschillende typen leerlingen waarbij mogelijk sprake is van faalangst: de afhankelijke leerling die steeds om hulp vraagt, de gesloten leerling die zich moeilijk kan uiten, de agressieve, uitdagende leerling die zijn faalangst verbergt en de clowneske leerling die hetzelfde doet (Nieuwenbroek, 2006). Volgens Nieuwenbroek, Ruigrok en De Vries (1996) kan de leerkracht in de klas waarnemen hoe leerlingen op prestatiesituaties reageren. Zij geven de volgende aanknopingspunten:
- Tijdens de les: regelmatig om feedback vragen; sterke behoefte aan positieve feedback; onzeker bij nieuwe opdrachten; vaak kijken hoe anderen het doen; slecht luisteren tijdens uitleg; veelvuldig naar het toilet.
- Bij het aanspreken: stotteren; zweten; wiebelen met de benen; oppervlakkig ademhalen; met de handen friemelen; niet durven aankijken; geen vragen durven stellen.
- Bij proefwerken: later beginnen dan anderen; onrustig bewegen; er opgewonden uitzien; regelmatig vragen stellen.
- In de groep: overgevoelig voor kritiek; steun zoeken bij medeleerlingen; andere leerlingen niets durven weigeren.

Behandeling

Er zijn diverse cursussen en trainingen voor faalangstvermindering ontwikkeld en deze worden voornamelijk aangeboden op scholen voor voortgezet onderwijs. Voor de individuele behandeling kan men terecht bij een psychologenpraktijk of bij instanties voor geestelijke gezondheidszorg. Zowel bij de groeps- als bij de individuele behandeling is er aandacht voor de rol van ouders. Voor hen worden vaak aparte bijeenkomsten georganiseerd en bestaat er speciaal materiaal (zoals een werkboek). Op deze manier worden ouders betrokken bij de behandeling.

Zowel bij een cursus als bij een individuele behandeling is de werkwijze doorgaans gericht op de twee componenten van faalangst: piekeren en emotionaliteit. Het piekeren wordt verminderd door het aanleren van technieken waarmee men de denkprocessen kan veranderen: negatieve gedachten ten aanzien van het falen en de vermeende afwijzing door anderen worden geanalyseerd en vervangen door positieve, rationele gedachten. Bovendien worden deze cognitieve technieken toegepast om een positief zelfbeeld te ontwikkelen. De emotionaliteit wordt verminderd door het aanleren van spierontspanningsoefeningen. Bij sommige cursussen wordt daarnaast ook nog gewerkt aan verbetering van de studievaardigheden.

Een behandeling gebaseerd op cognitieve technieken of op een combinatie van cognitieve technieken en ontspanningstechnieken is effectiever voor het verminderen van faalangst dan een behandeling die alleen uit ontspanningstechnieken bestaat. De vermindering van faalangst blijkt met een verbetering van de studieresultaten gepaard te gaan en follow-uponderzoeken hebben aangetoond dat deze effecten over langere tijd waarneembaar zijn. Een behandeling die beperkt is tot het verbeteren van de studievaardigheden leidt wel tot betere prestaties, maar niet tot een vermindering van de faalangst (Hembree, 1988; Spielberger & Vagg, 1995).

De faalangstreductiecursus

Faalangstreductiecursussen genieten in Nederland een grote populariteit. Doorgaans bestaat zo'n cursus uit acht tot twaalf bijeenkomsten met kleine groepen leerlingen.

Een van de eerste cursussen werd door Van der Ploeg-Stapert en Van der Ploeg (1985) ontwikkeld voor meao-studenten en is later toegepast bij middelbare scholieren vanaf 12 jaar. Naast de cognitieve technieken en ontspanningstechnieken besteedt deze cursus aandacht aan het verbeteren van de studievaardigheden en het concentratievermogen.

De 'Sidderkuur' (Poulie, 1991) is een cursus voor dertien- tot veertienjarigen. Kenmerkend voor deze cursus is de speelse presentatie van de leerstof gericht op de jongere adolescent. De cursus legt sterk de nadruk op het ontwikkelen van een positief zelfbeeld, bijvoorbeeld doordat de leerlingen na iedere bijeenkomst een envelop met een positieve 'ik-uitspraak' meekrijgen.

Vanuit instanties voor onderwijsbegeleiding in Nederland zijn verschillende faalangstreductiecursussen ontwikkeld (zie onder andere Nieuwenbroek & De Vries, 1988; Nieuwenbroek & Ruigrok, 2005). De cursussen worden meestal op school door een leraar verzorgd. Het is echter de vraag of de rol van leraar te verenigen is met die van cursusleider. Een faalangstreductiecursus vereist een vertrouwelijke en veilige sfeer, en deze is niet vanzelfsprekend voor alle leerlingen aanwezig wanneer een van hun leraren als cursusleider optreedt. Dit pleit ervoor om deskundigen van buiten de school in te zetten voor een faalangstcursus.

Individuele behandeling

Individuele behandelingen van faalangst zijn doorgaans kortdurend (soms slechts een à twee sessies) en op dezelfde werkwijze gebaseerd als faalangstreductiecursussen. Er is in de individuele behandeling vanzelfsprekend meer ruimte om de behandeling af te stemmen op de individuele cliënt. De behandeling kan bovendien worden aangevuld met andere technieken om angst te overwinnen, zoals systematische desensitisatie, geleide fantasie, hypnose of biofeedback.
Systematische desensitisatie houdt in dat de adolescent zich stapsgewijs leert ontspannen in de verschillende situaties waarin de faalangst optreedt.

Anneke beschreef de volgende situaties waarin zij last had van faalangst, met de daarbij horende spanning (op een schaal van 1-10). Zo ontstond de volgende 'angsthiërarchie':

	spanningsniveau
ik zit thuis te leren voor een repetitie	5
de leraar gaat onze repetitiecijfers opnoemen	5,5
ik moet aan een repetitie beginnen	7
ik krijg onverwachts een mondelinge overhoring	9

Anneke leerde eerst zich goed te ontspannen. Vervolgens maakte zij zich in ontspannen toestand een voorstelling van de eerste situatie: het thuis zitten leren voor een repetitie. Pas toen zij zich daarbij volledig kon ontspannen, werd de volgende situatie opgeroepen. Zo werd de gehele angsthiërarchie stapsgewijs doorgenomen.

Nadat Louis in een ontspannen toestand was gebracht, vroeg

de therapeut wie een model zou kunnen zijn voor het gedrag dat hij zich eigen wilde maken. Louis noemde James Bond. De therapeut vroeg hem zich voor te stellen hoe James Bond zich in de klas zou gedragen 'als een film waar je ontspannen naar zit te kijken'. Daarna kon Louis 'in het beeld stappen' en niet alleen horen en zien hoe het is om zich zo te gedragen, maar ook voelen hoe dat is. Toen de therapeut informeerde hoe dit verliep, murmelde Louis: 'Ik laat me niet te pakken nemen, die macht hebben ze niet over mij'.

Jeannette vertelt aan de therapeut hoe zij de avond voor haar examen telkens heel gespannen was geweest en dat zij ook heel gespannen naar het instituut was gereden en tijdens het examen bezig was geweest. In een toestand van diepe ontspanning werd haar gevraagd terug te gaan naar een situatie waarin zij zich heel erg goed voelde. Jeannette noemde een wandeltocht in de Zwitserse Alpen. Op de vraag welke eigenschappen of gevoelens bij dit beeld hoorden, antwoordde Jeannette: 'rust, kracht en doorzettingsvermogen'. Vervolgens kreeg zij de suggestie om deze eigenschappen mee te nemen terwijl zij zich voorstelde hoe zij in haar auto op weg was naar het instituut, dan het gebouw in liep en daarna met haar examen begon.
Na afloop van de therapie legde Jeannette het examen opnieuw af, met succes. Met enige verbazing meldde zij dat zij tijdens het examen spontaan moest denken aan de geur van de dennenbomen in de Alpen.

Adviezen aan de ouders

Zowel bij een cursus als bij een individuele behandeling is het steeds vanzelfsprekender om ouders bij de aanpak van faalangst te betrekken. Ouders zijn doorgaans gebaat bij adviezen over hoe zij met hun faalangstige zoon of dochter kunnen omgaan, bijvoorbeeld door de communicatie te verbeteren of door effectiever op het faalangstige gedrag te reageren. Ook kunnen ouders enkele richtlijnen krijgen om de spanning rond het maken van huiswerk te verminderen, bijvoorbeeld door met hun zoon of dochter afspraken te maken over een studieschema, het overhoren van huiswerk en de nodige ontspanning (Nieuwenbroek, 2006). In sommige gevallen zullen ouders moeten leren om hun verwachtingen over de prestaties van hun kind bij te stellen. Sommige ouders zullen zelf enige begeleiding nodig hebben om hun eigen faalangst te overwinnen.

Prognose

Er is nog weinig bekend over het verloop van faalangst na de middelbare school. De mate waarin faalangst bij volwassenen voorkomt, is evenmin goed onderzocht. Bij volwassenen wordt eerder over examenangst of spreekangst gesproken, hetgeen als een verenging van het begrip faalangst opgevat kan worden. De prognose voor jongeren die last hebben van faalangst is dan ook nog onduidelijk. Er komt steeds meer aandacht voor onderzoek naar mogelijke verbanden tussen faalangst in de adolescentie en psychopathologie op volwassen leeftijd.

Preventie

De school kan een belangrijke rol spelen in de preventie van faalangst. Een prettig werkklimaat in de klas, waarin volgens een duidelijke en overzichtelijke structuur wordt gewerkt en waar de leraar positieve en reële verwachtingen hanteert, lijkt essentieel om de kans op faalangst bij de leerlingen zo klein mogelijk te maken. Verschillende instanties voor onderwijsbegeleiding in Nederland hebben richtlijnen gegeven voor de aanpak van faalangst door de leerkracht (zie o.a. Nieuwenbroek & Ter Beek, 1999). De richtlijnen betreffen verschillende aspecten van het lesgeven, zoals de overdracht van nieuwe stof (bijvoorbeeld doelstellingen formuleren, overzichtelijke taken geven en heldere, afgepaste instructies daarbij) en het toetsen van kennis (bijvoorbeeld van tevoren toetsen aankondigen, informatie geven over de moeilijkheidsgraad van een toets en de verwachte prestaties en werken aan toetsvaardigheden). Tevens wordt gewezen op het belang van feedback geven direct na het werken aan een taak, waarbij de feedback duidelijk en specifiek dient te zijn en op de taak gericht, niet op de persoon.
Het 'Vriendenprogramma voor jongeren' (Utens & Ferdinand, 2003) is een behandel- en preventieprogramma voor angst en depressie. Het is zeer geschikt als preventieprogramma bij faalangst

voor klassikale toepassing binnen het voortgezet onderwijs. Het bevat zowel sessies voor de jongeren als sessies voor de ouders en is geschikt voor gebruik door maatschappelijk werkers, (school)psychologen en andere deskundigen op het gebied van de geestelijke gezondheidszorg.

Samenvatting en conclusies

Faalangst is een goed herkenbare problematiek, die bij adolescenten een belangrijke risicofactor in de ontwikkeling zou kunnen zijn. Het begrip is de laatste jaren theoretisch goed afgebakend, maar er dient nog het nodige onderzoek te worden gedaan naar de effecten van faalangst, de rol van opvoedings- en omgevingsfactoren en mogelijke verbanden met psychische stoornissen op latere leeftijd. De onderkenning van faalangst kan bijdragen tot het algemeen welzijn van de adolescent en in die zin is de grote belangstelling voor de problematiek in de onderwijswereld toe te juichen. Er zijn daarbij nog wel twee aandachtspunten.

In de eerste plaats is het essentieel dat de behandeling van faalangst wordt ingebed in de context van school en thuis. Ouders moeten weten hoe zij hun zoon of dochter kunnen ondersteunen bij het veranderingsproces en de school zal de nodige maatregelen moeten nemen om te zorgen dat de faalangst niet in stand wordt gehouden in de klas.

In de tweede plaats is het de vraag of cognitieve technieken, die een belangrijk onderdeel van de behandeling van faalangst vormen, geschikt zijn voor de jongere adolescent. Zolang nog niet duidelijk is vanaf welke leeftijd cognitieve technieken effectief gebruikt kunnen worden, is het introduceren van faalangstcursussen in de bovenbouw van de basisschool, wat in Nederland voorkomt, vooralsnog niet aan te bevelen.

Literatuur

Aangehaalde literatuur

American Psychiatric Association (2000). *Diagnostic and statistical manual of mental disorders (DSM-IV-TR)*. Washington: APA.

Bergen, T. & Poulie, M. (2001). *De Situatie Specifieke Angst Test (SSAT)*. Amersfoort: CPS.

Crins, J. (2001). *Vragenlijst Studievoorwaarden VSV online*. Den Bosch: KPC Groep.

Gillissen, R. (2008). *Physiological Reactivity to Fear in Children: Effects of temperament, attachment & the serotonin transporter gene*. Proefschrift Rijksuniversiteit Leiden.

Hembree, R. (1988). Correlates, causes, effects, and treatment of test anxiety. *Review of Educational Research, 58*, 47-77.

Hermans, H.J.M. (1983). *Handleiding bij de Prestatie Motivatie Test voor kinderen PMT-k*. Lisse: Swets en Zeitlinger.

Nieuwenbroek, A. (2006). *Faalangst en ouders*. Kampen: Ten Have.

Nieuwenbroek, A. & Ruigrok, J. (2005). *Handboek faalangsttraining*. Esch: Quirijn.

Nieuwenbroek, A., Ruigrok, J. & Vries, J. de (1996). *Faalangst op school: basisboek*. Den Bosch: KPC Groep.

Nieuwenbroek, A. & Vries, J. de (1988). *Omgaan met faalangst*. Nijmegen: Berkhout.

Ploeg, H.M. van der (1988). *Handleiding bij de Examen/Toets Attitude Vragenlijst (ETAV)*. Lisse: Swets en Zeitlinger.

Ploeg-Stapert, J.D. van der & Ploeg, H.M van der (1985). Behandeling van examenangst: Een verslag van een gedragstherapeutische groepstraining. *Kind en Adolescent, 6*, 84-92.

Poulie, M.F. (1991). *Meer licht op faalangst: De waardering van het individu*. Nijmegen: KUNUniversiteitsdrukkerij.

Utens, E. & Ferdinand, R. (2003). *Vrienden. Preventie van angst en depressie voor jongeren. Handleiding voor groepsleiders*. Rotterdam: Afdeling Kinder- en Jeugdpsychiatrie, Erasmus MC-Sophia.

Vorst, H.C.M. (1994). *Handleiding en verantwoording bij de Schoolvragenlijst (SVL)*. Lisse: Swets en Zeitlinger.

Spielberger, C.D. & Vagg, P.R. (Eds.) (1995). *Test anxiety: Theory, assessment, and treatment*. Washington DC: Taylor & Francis.

Aanbevolen literatuur voor leerkrachten

Diekstra, R.F.W., Knaus, W.J. & Ruys, T. (1982). *Rationeel Emotieve Educatie: Een trainingsprogramma voor kinderen en volwassenen*. Lisse: Swets en Zeitlinger.

Nieuwenbroek, A. & Beek, A. ter (1999). *Faalangst aan de start*. Den Bosch: KPC Groep.

Nieuwenbroek, A. & Ruigrok, J. (2005). *Handboek faalangsttraining*. Esch: Quirijn.

Nieuwenbroek, A., Ruigrok, J.& Vries, J. de (1996). *Faalangst op school: basisboek*. Houten: Educatieve Partners Nederland.

Aanbevolen literatuur voor ouders

Nieuwenbroek, A. (2006). *Faalangst en ouders*. Kampen: Ten Have.

Aanbevolen literatuur voor adolescenten

Nieuwenbroek, A. & Mijland, I. (2002). *Succes met faalangst*. Kampen: Uitgeverij Kok.
Nieuwenbroek, A. & Vries, J. de (1993). *Examenvrees: doe er wat aan!* Den Bosch: KPC Groep.

6 Liegen

K. Kouwenhoven

Inleiding

Iedereen weet wat liegen is. Iedereen vindt dat je het eigenlijk niet moet doen, maar iedereen valt wel eens op een leugentje te betrappen. Dat geldt voor onszelf net zo goed als voor onze kinderen.

- Een moeder ziet haar driejarige zoontje Klaas rond de koektrommel drentelen. Ze vraagt: 'Je hebt toch geen koekje uit de trommel genomen, Klaas?' Klaas draait zich om en met de koekkruimels om zijn mond roept hij: 'Nee, niet koek'.
- De buurvrouw zegt tegen de moeder van de zevenjarige Anna: 'Ik hoor dat jullie een nieuwe auto hebben; een groene eend, niet?' De moeder van Anna antwoordt verbaasd: 'Hoe kom je daar nu bij, wie heeft je dat verteld?' De buurvrouw: 'Dat heb ik van Anna gehoord'.
- In de supermarkt laat de moeder van de zesjarige Debbie een pak melk uit haar handen vallen. Omdat ze hiervoor niet wil betalen, legt ze haar vinger tegen haar lippen en zegt: 'Sssttt, niks zeggen, hoor Debbie'. Bij de kassa vraagt de caissière aan Debbie of haar moeder niet een pak melk uit haar handen heeft laten vallen. Debbie kijkt haar moeder aan, schudt haar hoofd en zegt: 'Nee hoor'.
- In de klas bijt de vierjarige Raoul zichzelf in de hand. Hij loopt huilend naar de juffrouw en vertelt haar dat Flip, een van zijn klasgenootjes, hem gebeten heeft.

Er bestaan allerlei soorten leugens en allerlei aanleidingen om leugens te vertellen. Het eerste voorbeeld is typisch voor jonge kinderen die een regel hebben overtreden en proberen hun straf te ontlopen door hierover te liegen. Erg overtuigend zijn deze leugentjes (nog) niet en meestal ontlokken ze vooral vertedering.

Het tweede voorbeeld betreft eerder een fantasietje, een hardop uitgesproken geheime wens en als zodanig onschuldig van aard. Bij ontmaskering kan een kind overigens danig in verlegenheid gebracht worden, waardoor het leert dat je zulke wensen en dromen in die omstandigheden beter voor je kunt houden.
Het derde voorbeeld is een leugen om een voor het kind belangrijk iemand, in dit geval de moeder, moeilijkheden te besparen. Het is een leugen om iemand anders te beschermen. Dit type leugen is in het sociale verkeer de meest voorkomende vorm van misleiding.
Het vierde voorbeeld is een duidelijk kwaadaardige manier van liegen, met geen ander doel dan iemand anders te schaden en zelf buiten schot te blijven. Afhankelijk van de context (het kind dat zichzelf bijt, zou na langdurige pesterijen ten einde raad dit middel te baat hebben kunnen nemen) is dit een voorval dat ons zou moeten verontrusten.
Leugens kunnen dus verteld worden om uiteenlopende redenen. Werkelijk kwaadaardige leugens zijn uitzonderlijk. Liegen is dan ook een normaal verschijnsel, dat alleen in extreme gevallen een pathologisch karakter heeft. Pathologisch liegen – het liegen niet kunnen laten, ook als het veel handiger zou zijn de waarheid te vertellen – is echter geen op zichzelf staande pathologie of ziekte, maar hoogstens een symptoom dat bij kinderen en adolescenten kan duiden op een antisociale gedragsstoornis en bij volwassenen (de leeftijdsgrens die hierbij gehanteerd wordt, is 18 jaar) op een persoonlijkheidsstoornis (Sanders-Woudstra & De Witte, 1990; Vandereycken, Hoogduin & Emmelkamp, 2008).

Het verschijnsel liegen

Definitie van liegen

Liegen is een vorm van misleiding. Van misleiding is sprake wanneer iemand, met woorden of op een andere manier, informatie verschaft waarvan hij weet dat die niet in overeenstemming is met de feiten die hij kent, met zijn gevoelens, zijn mening of overtuiging, of motieven.
Het is een vorm van communicatie die een welbepaald doel dient en waarvan we ons bedienen als de 'waarheid' voor onszelf of voor

anderen onaangename gevolgen kan hebben. Verbale misleiding – liegen – is mogelijk door een unieke eigenschap van de taal.
Twee beschrijvingen, bijvoorbeeld 'Monique studeert' en 'Monique ligt te slapen', zijn taalkundig equivalent. Als 'Monique studeert' de situatie adequaat beschrijft, is de andere beschrijving ('Monique ligt te slapen') in strijd met de waarheid.
Zo zien we dat we uit de *formulering* van een boodschap niet af kunnen leiden of deze wel of niet waarheidsgetrouw is. Daarvoor is meer informatie nodig, onder andere over de *intentie* van de spreker (Meerum Terwogt-Kouwenhoven, 1993).

Vormen van liegen

De waarheid is enkelvoudig, de leugen kan zich in allerlei vormen voordoen. Dit komt omdat er *verschillende manieren* zijn om van de waarheid af te wijken: de waarheid achterhouden of verzwijgen, de waarheid verdraaien (ontwijken, afzwakken), de waarheid verfraaien (opscheppen, overdrijven, fabeltjes vertellen) en de waarheid ontkennen.
De meest passieve en minst belastende manier van misleiding is het verzwijgen van de waarheid. Dit is overigens alleen maar mogelijk als geen directe vragen worden gesteld. Ook de waarheid ontkennen, vergt niet veel inspanning. Je hoeft er geen onware verhalen voor te vertellen. Zodra er echter bedenksels gecreëerd moeten worden, wordt het lastiger: niet alleen moet er een goed verhaal bedacht worden, maar ook moet onthouden worden wat er precies gezegd is (en tegen wie).

Er zijn niet alleen verschillende manieren van liegen, er zijn ook *verschillende motieven* om te liegen. De meeste leugens worden verteld uit sociale of altruïstische overwegingen: om anderen te beschermen, niet voor het hoofd te stoten, niet in verlegenheid te brengen en gezichtsverlies te besparen. Zij worden ons onder andere ingegeven door de regels van de welvoeglijkheid. Minder frequent, maar toch ook veel voorkomend zijn leugens uit individualistische overwegingen. Hiertoe behoren de smoezen en uitvluchten die verzonnen worden om ergens onderuit te komen of om de verantwoordelijkheid voor regelovertredingen te ontlopen, maar ook de oneerlijkheid die we aan de dag leggen om een bepaalde indruk te wekken bij anderen of een eenmaal gevestigd beeld in stand te houden.

Zeldzaam zijn leugens uit puur egoïstische overwegingen, om anderen te benadelen ten eigen bate. Alle criminele vormen van misleiding behoren hiertoe, net als kwaadsprekerij, spionage en propaganda, maar ook het pathologische liegen, dat geen enkel strategisch doel meer kent en een dwangmatig karakter heeft. Overigens zijn veel criminele leugenaars – oplichters, huwelijkszwendelaars, mensen die zich uitgeven voor arts enzovoort – pathologische leugenaars.

Hoewel het een algemeen geaccepteerd idee lijkt dat liegen onder alle omstandigheden een afkeurenswaardige bezigheid is, blijkt de praktijk anders. Het oordeel dat geveld wordt over leugens is sterk afhankelijk van de gevolgen voor anderen. Daarom worden doorgaans alleen egoïstische leugens als verwerpelijk beschouwd, omdat anderen daarmee kwaad berokkend wordt. Aan individualistische leugens wordt meestal niet zo zwaar getild; ze zijn hoogstens vervelend en op zijn best vermakelijk. Sociale leugens worden zelfs aangemoedigd. Zij zijn een uiting van sociaal vaardig gedrag, waaruit blijkt dat rekening gehouden wordt met de gevoelens van anderen (Meerum Terwogt-Kouwenhoven, 1993).

Effecten van liegen

Kinderen leren geen dingen te doen waarvan verwacht kan worden dat ze worden afgekeurd of gestraft; ze leren vooral dingen te doen waarmee ingestemd zal worden. Door deze verwachtingen wordt hun gedrag gereguleerd. Het ligt daarom voor de hand om te liegen over afkeurenswaardig gedrag. Ongeveer 50% van alle leugens van kinderen wordt dan ook verteld om straf te ontlopen (Stouthamer-Loeber, 1986) en mensen blijven dat hun hele leven doen (Bussey, 1992). Deze leugens van kinderen worden echter in het algemeen afgekeurd ('ik vind het niet erg dat je die vaas hebt gebroken, maar wel dat je erover hebt gelogen'), omdat de meeste ouders vinden dat kinderen moeten leren ook verantwoordelijkheid te nemen voor fouten en stommiteiten. Andere vormen van liegen (beleefd bedanken voor een foeilelijk cadeautje en zeggen dat je het leuk vindt) worden aangemoedigd als tactvol.

Er zijn geen eenduidige regels voor eerlijkheid en oneerlijkheid wanneer anderen geen schade wordt berokkend. Overdrijven, beleefdheid, tact, beheerste zelfexpressie, grappen, spelletjes, fantasie, verantwoordelijkheid, medeleven en nog veel meer; zij hebben allemaal te maken met (on)eerlijkheid, die wel of niet afgekeurd wordt.

Wat het effect van zijn leugens is, moet een kind door schade en schande leren. Van kinderen met een antisociale gedragsstoornis is juist een van de problemen dat de verwachting van afkeuring of straf geen invloed op hun gedrag heeft.

Liegen en fantaseren

Kinderen fantaseren, maar volwassenen doen dat ook. Kinderen en volwassenen verschillen vooral in de manier waarop zij hun fantasieën tot uitdrukking brengen. Kinderen fantaseren hardop en uiten hun fantasieën ongecensureerd, bijvoorbeeld in fantasiespelletjes (doen alsof), terwijl volwassenen hun fantasieën doorgaans tot uitdrukking brengen in vormen van kunst (verhalen, boeken, films, beelden, schilderijen enzovoort).

Als adolescenten en volwassenen hardop fantaseren noemen we het fantasten. Als zij min of meer in hun eigen verzinsels geloven, is er sprake van *pseudologia fantastica*; een vorm van pathologisch liegen die kenmerkend is voor de zogenaamde dramatische persoonlijkheidsstoornissen (borderline, narcistische, histrionische) en soms ook voor de antisociale persoonlijkheidsstoornis (Vandereycken et al., 2008; Ford, King & Hollender, 1988).

Fantasieën verschillen niet van leugens als het gaat om het werkelijkheidsgehalte. Fantasieën hebben echter niet tot doel een ander te overtuigen van hun juistheid en de betrouwbaarheid van de verteller.

Kinderen zullen van de meeste ouders dan ook niet te horen krijgen dat fantaseren niet mag. Ze worden zelf voortdurend geconfronteerd met de fantasieën van volwassenen in de vorm van sprekende beren, kabouters, heksen en andere sprookjesfiguren. Wat ze moeten leren is wat op een bepaald moment geaccepteerde manieren zijn om fantasieën tot uitdrukking te brengen. Ook bij kinderen kan het fantaseren uit de hand lopen. Onder stress zoeken kinderen soms hun toevlucht tot hardop uitgesproken onvervulde wensen. Als het kind zelf niet meer beseft dat dit verzinsels zijn, is ook dan sprake van een vorm van pseudologia fantastica.

Pathologisch liegen en pseudologia fantastica worden nauwelijks nog onderscheiden, maar gezien als symptomen van dezelfde gedragsstoornis, hoewel pseudologia een ander doel dient dan pathologisch liegen. Pseudologia is niet gericht op anderen, maar heeft een functie voor de leugenaar zelf, die daarmee de (onaangename) waarheid af kan weren. De reacties van anderen zijn hierbij niet van belang. Er is een duidelijk verschil tussen botte en kwaadaardige leugens enerzijds en opschepperijen en fantasieën waarin de verteller zichzelf een heldenrol of juist de rol van dramatisch slachtoffer heeft toebedeeld anderzijds.

Psychosociale aspecten

Liegen is een normaal aspect van sociaal vaardig gedrag en het hoort bij het socialisatieproces om te leren wat voor leugens geaccepteerd of afgekeurd worden. Hierbij is van problemen geen sprake. Kinderen met een contactstoornis zijn soms geneigd dwangmatig de waarheid te vertellen, ook als ze daarmee sociale spanning oproepen. Kinderen die onacceptabel vaak liegen hebben echter wel problemen. Door ouders en leerkrachten wordt dit aangemerkt als een ernstige zaak (Stouthamer-Loeber, 1986), voornamelijk vanwege de gevolgen die het naar hun mening heeft voor hun toekomstig gedrag. Chronisch liegen staat zoals gezegd niet op zichzelf. De ermee gepaard gaande andere gedragsstoornissen kunnen zeer ontwrichtend zijn.

Voor een kind is liegen, net als voor een volwassene, een manier om een dilemma op te lossen. Om straf te ontlopen, zichzelf gezichtsverlies te besparen, onder vervelende klusjes uit te komen en anderen niet voor het hoofd te stoten, kan het zijn toevlucht nemen tot een vorm van liegen. Hoe gecompliceerder de wereld wordt, hoe vaker dit soort dilemma's zich voordoen. De puber ziet zichzelf er vaker voor gesteld dan de peuter, maar heeft ook meer gereedschap om een oplossing te vinden.

Kinderen en adolescenten met sociale gedragsstoornissen zijn impulsief, hebben weinig zelfcontrole, zijn oneerlijk, ongehoorzaam en zeer egocentrisch (Herbert, 1987). Zij brengen zichzelf daardoor voortdurend in conflict met hun omgeving. Het gevolg is dat zij niet erg populair zijn bij hun leeftijdgenoten, behalve wanneer zij juist de assertieve leiders vormen van groepjes. Vaak echter verkeren zij in een isolement door hun gebrekkige sociale vaardigheden en geringe empathisch vermogen. Ook zijn hun schoolprestaties doorgaans slecht (Van der Ploeg, 1996).

Achtergronden en mogelijke oorzaken

Liegen als sociale vaardigheid

Liegen maakt deel uit van de sociaal-cognitieve ontwikkeling van een kind, wanneer het leert wat in zijn omgeving de geëigende manieren van sociaal functioneren zijn. De juiste gedragspatronen, waarden en gevoelens maakt het zich eigen, zodat het niet alleen *weet* wat er van hem verwacht wordt, maar dit ook *voelt* als de juiste handelwijze. Tegelijkertijd ontwikkelt het kind zich tot een autonoom individu, in toenemende mate onafhankelijk van zijn ouders. Dat betekent dat hij niet alle informatie met zijn ouders hoeft te delen en zijn eigen 'geheimen' moet kunnen koesteren. De basis voor een onafhankelijk functioneren is een positief zelfbeeld, waarvoor een band van gehechtheid met de ouders een belangrijke voorwaarde is. Het is daarbij nodig dat ouders ontvankelijk zijn voor de behoeften van hun kinderen en toezien op hun reilen en zeilen. Het vertrouwen dat kinderen in hun ouders kunnen hebben, bepaalt de kwaliteit van hun band. Een sterke band maakt kinderen ondernemend en draagt bij aan hun onafhankelijkheid en het ontwikkelen van hun sociale vaardigheden.

Leeftijd en niveaus van liegen

Wanneer kinderen voor het eerst liegen is altijd een omstreden zaak geweest. De extreme ideeën dat kleine kinderen nooit of juist altijd liegen zijn inmiddels vervangen door de meer realistische opvatting dat zelfs kinderen van een jaar of twee, drie kunnen liegen als daar aanleiding voor is (Ceci, DeSimone Leichtman & Putnick, 1992). Er zijn echter verschillende niveaus van liegen te onderscheiden (Leekam, 1992). Een leugen heeft pas succes als hij geloofd wordt. Daarom moet de ander overtuigd worden van de 'juistheid' van de boodschap én de 'oprechtheid' van de leugenaar. Op het eerste niveau wil de leugenaar echter alleen het gedrag van de ander beïnvloeden, op het tweede niveau wil hij hem ook overtuigen van de 'juistheid' van de boodschap en op het derde niveau ook van de 'oprechtheid' van de leugenaar. Pas op het derde niveau is er dus sprake van overtuigend liegen.

Heel jonge kinderen zijn onhandige leugenaartjes (sporen nalaten, blozend zwijgen, onwaarschijnlijke verhaaltjes vertellen) omdat ze alleen het gedrag van de ander willen beïnvloeden – straf vermijden of een beloning ontvangen voor niet bewezen diensten – en nog niet beseffen dat dat niet voldoende is om een geloofwaardige leugen te vertellen.

Eenmaal in staat tot liegen op het hoogste niveau is het ook mogelijk geworden te liegen om sociale of altruïstische redenen. Er valt daarom ook een ontwikkeling waar te nemen in de motieven voor liegen, van de zuiver individualistische neigingen van de peuter om straf te ontlopen tot de altruïstische motieven van het basisschoolkind dat inmiddels heeft geleerd wanneer het met tact moet optreden.

Liegen is voor kinderen ook een manier om de almacht van de ouders te beproeven en er zo achter te komen dat anderen niet altijd weten wat jij weet. Dit draagt bij aan het ontwikkelen van de eigen autonomie en de geldende sociale regels worden ermee afgetast, om effectief te leren handelen in sociale situaties.

Tijdens de puberteit ontstaat soms opnieuw een conflict over liegen (Ford, 1996). In die periode zijn ouders en kinderen vaak onzeker over wat ze elkaar kunnen of moeten meedelen. Pubers zien hun ouders soms als hypocriet en leugenachtig en kunnen daarop reageren met pathologische eerlijkheid, die heel wreed kan zijn. De onzekerheid van de puber kan ook resulteren in zwijgzaamheid en misleiding om aan zelfstandigheid te kunnen winnen. De puber wordt geconfronteerd met regels waar hij zich niet aan kan of wil houden, maar ook met verwachtingen van zijn ouders over 'wat voor soort mens' hij moet worden. Als hij liegt over regelovertredingen en schendingen van deze verwachtingen is dat echter niet alleen uit zelfbescherming, maar ook om zijn ouders niet teleur te stellen of niet ongerust te maken en om conflicten te vermijden.

Voor het pathologische liegen van kinderen met een antisociale gedragsstoornis zijn andere motieven in het geding. Het gebeurt om het antisociale gedrag te verbloemen of als agressieve daad op zichzelf (Ford, 1996). Ook een antisociale gedragsstoornis kan zich al op jonge leeftijd manifesteren.

Verbanden met liegen

Liegen is een communicatiestrategie die, afhankelijk van de situatie, wel of niet ingezet kan worden. Het vereist het vermogen je te verplaatsen in anderen, een vermogen dat ook een voorwaarde is voor empathie, medegevoel en compassie (Vasek, 1986). Er is dus een duidelijk verband met ander sociaal adequaat gedrag. Op de juiste wijze gebruik maken van deze communicatiestrategie is een sociale vaardigheid. Daarom zijn autistische kinderen, bijvoorbeeld, zeer slechte leugenaars.

Pathologisch liegen staat nooit op zichzelf. Het kan samengaan met een hele reeks andere ontsporingen, zoals stelen, brandstichten, spijbelen, inbreken, vechten of drugs gebruiken. Het gaat om tegen de buitenwereld gericht – agressief – gedrag, zonder veel bekommernis om de slachtoffers.

Oorzaken van pathologisch liegen

Kinderen met antisociale gedragsstoornissen zijn zelden eerlijk. Het socialisatieproces heeft verre van het gewenste effect gehad. Hiervoor kunnen verschillende dingen, die ook weer op elkaar inwerken, verantwoordelijk zijn, zoals neuropsychologische afwijkingen, temperament, genetische kwetsbaarheid of een disfunctioneel gezin (Sanders-Woudstra & De Witte, 1990; Ford, 1996). In een disfunctioneel gezin is de boven omschreven band tussen ouders en kinderen vaak afwezig, het kind wordt afgewezen of affectief verwaarloosd en toezicht ontbreekt. Het gezin is onvolledig of er bestaan grote conflicten tussen beide ouders. De opvoedingsstijl is negatief en vaak inconsistent.

Jeugdtrauma's kunnen aanleiding zijn voor het creëren van een fantasiewereld om de werkelijkheid te ontvluchten en dat kan leiden tot het ontstaan van pseudologia fantastica.

In de wisselwerking tussen aanleg en omgeving biedt het gezin niet de sociale steun die de kwetsbare kinderen bescherming kan bieden tegen spanning en problemen, maar vormt het gezin zelf een bron van spanning. Om zich te handhaven kunnen deze kinderen extreme middelen te baat nemen om met hun problemen om te gaan.

De rol van de ouders

Niet alleen de band tussen ouders en kind is bepalend voor het verloop van het socialisatieproces. Zoals gezegd stemmen kinderen hun gedrag af op de verwachte consequenties. Daarom zijn ook de reacties van de ouders op het liegen van kinderen van belang voor de frequentie waarmee kinderen liegen (LaFrenière, 1988; Ford, 1996).

Soms stellen ouders zulke suggestieve vragen dat ze de leugens op een presenteerblaadje aanbieden ('Je was zeker keurig op tijd thuis gisteravond?'). Het is natuurlijk niet verwonderlijk dat kinderen deze gelegenheid met beide handen aangrijpen. Het wordt hun zo wel erg gemakkelijk gemaakt. Vragen als 'Wat heb je gisteravond gedaan?' moeten beantwoord worden met een verhaal en het verzinnen van een verhaal vergt veel meer inspanning.

Als ouders de neiging hebben ongelukjes of overtredinkjes streng te straffen dan werken zij het liegen om straf te vermijden in de hand, want dat loont de moeite. Hoe reageren zij op het liegen zelf? Vinden ze het aandoenlijk, negeren ze het of straffen ze het? Worden kinderfantasieën onderdrukt of aangemoedigd?

Door hun reacties versterken ouders een bepaald soort gedrag en de zo ontstane gedragspatronen gaan een heel leven mee. De beste strategie voor ouders is daarom liegen en fantaseren niet te bestraffen, maar het kind te helpen adequaat om te gaan met de werkelijkheid. Dit betekent onder andere dat zij moeten leren wanneer welke regels gelden.

Het beste wat ouders kunnen doen, is zorgen dat hun kinderen zo min mogelijk hoeven te liegen en zelf het goede voorbeeld geven. Ouders liegen immers ook tegen hun kinderen. Meestal gebeurt dat met de beste bedoelingen en geven zij daarmee het voorbeeld van wanneer liegen wel en niet te pas komt. Het kan echter ook een vorm van inconsistent gedrag zijn als ouders zelf liegen en van hun kinderen eisen dat zij dat nooit doen.

Diagnose

Of het liegen van kinderen als probleemgedrag bestempeld moet worden is afhankelijk van een aantal zaken: is het een geïsoleerd verschijnsel of gaat het gepaard met ander probleemgedrag, hoe vaak liegen kinderen, wat voor soort leugens vertellen ze, wat is het effect op de omgeving?

Leugens zijn echter niet altijd eenvoudig te ontdekken. De leugens van kleine kinderen herkennen we gemakkelijk genoeg, omdat het nog geen vaardige leugenaars zijn. Als de kinderen er eenmaal bedreven in zijn, wordt het moeilijker. In het algemeen zijn mensen niet goed in het ontdekken van leugens. Voor ouders komt daar nog bij dat ze ook niet staan te popelen om hun eigen kinderen als leugenaars te ontmaskeren. Ouders rapporteren dan ook veel minder leugens van hun kinderen dan de kinderen zelf rapporteren. Problematisch zijn kwaadaardige leugens, erop gericht om anderen te kwetsen of schade te berokkenen, waar geen enkel respect voor het slachtoffer uit spreekt, of aanhoudende fantastische verhalen, waarin het kind een helden- of slachtofferrol vervult. Gaat het liegen gepaard met ander storend gedrag, dan kan dit wijzen op een antisociale gedragsstoornis. Deze diagnose wordt gesteld als aan een aantal criteria wordt voldaan (zie bijvoorbeeld Vandereycken et al., 2008), namelijk indien sprake is van ten minste drie van de volgende gedragingen: stelen, weglopen, veel liegen, brandstichten, spijbelen, inbreken, vernielen, dieren mishandelen, iemand tot seksueel contact dwingen, wapengebruik, aanzetten tot vechtpartijen, roven, mishandelen. Ieder kind vertoont wel eens een vorm van antisociaal gedrag, maar normaal gesproken zijn dat geïsoleerde incidenten (Herbert, 1987). Bij een antisociale gedragsstoornis gaat het om een complex van storend gedrag, dat vaak en voortdurend vertoond wordt en waarmee ernstig gezondigd wordt tegen de sociale regels. Omdat deze stoornis vaak gepaard gaat met leerstoornissen en slechte schoolprestaties komen de eerste signalen nogal eens van leerkrachten. Tijdens de adolescentie komt de stoornis vaak aan het licht doordat de jongeren erdoor in aanraking komen met politie en justitie.

Vanaf de leeftijd waarop kinderen naar school gaan kunnen symptomen van een gedragsstoornis optreden. Als ouders én leerkrachten het eens zijn over het feit dat een kind veelvuldig storend gedrag vertoont, is dat een goede aanwijzing dat er sprake is van een probleem.

Behandeling

Zoals eerder beschreven is het belangrijk dat ouders en leerkrachten weten dat liegen niet met strenge straffen bestreden moet worden. Omdat liegen een normaal verschijnsel is, hoeft het verder niet behandeld te worden.
Dat geldt niet voor een antisociale gedragsstoornis. Als ouders en leerkrachten merken dat een kind niet alleen vaak agressieve leugens vertelt, maar ook andere vormen van misdragingen vertoont, is hulp geboden. Wanneer de stoornis pas tijdens de adolescentie aan het licht komt, is behandeling al moeilijk. Afhankelijk van de gezinsomstandigheden worden kinderen met deze stoornis ambulant, met verschillende vormen van therapie en ouderbegeleiding, of residentieel behandeld (Sanders-Woudstra & De Witte, 1990; Vandereycken et al., 2008).

Prognose

Normaal gesproken maakt liegen deel uit van het sociale handelingsrepertoire van het opgroeiende kind dat zich aanpast aan zijn sociale omstandigheden. Op die manier functioneert het adequaat. De prognose voor kinderen met een antisociale gedragsstoornis is zonder meer somber. Naar schatting groeit 50% op tot een volwassene met een antisociale persoonlijkheidsstoornis en niet minder dan 80% kampt als volwassene met een psychiatrische stoornis (Vandereycken et al., 2008).

Preventie

Liegen hoeft niet te worden voorkomen en antisociaal gedrag is moeilijk te voorkomen, vooral als er sprake is van een combinatie van aanleg en ongunstige omstandigheden. Er kan niet veel anders gedaan worden dan een vroege diagnose te stellen en proberen de omstandigheden in gunstige zin om te buigen. Niet alle kinderen met een antisociale gedragsstoornis groeien op voor galg en rad. Er zijn veel factoren in het spel die de verdere ontwikkeling beïnvloeden, maar nog lang niet alles is daarover bekend (Vandereycken et al., 2008).

Samenvatting en conclusie

Liegen is een normale communicatiestrategie die gebruikt wordt als het vertellen van de waarheid voor onszelf of anderen onaangename consequenties heeft. We doen er geen kwaad mee, integendeel. De meeste leugens worden verteld om anderen te beschermen. Kinderen kunnen op jonge leeftijd al liegen, maar zijn er dan nog niet erg bekwaam in. Daarvoor is nodig dat ze zich kunnen verplaatsen in anderen, een vermogen dat ook een voorwaarde is voor empathie en compassie. De eerste leugens die zij vertellen, dienen daarom vooral hun eigen belang; het vermijden van straf. Hoe vaak kinderen liegen, is mede afhankelijk van de reacties van ouders. Kinderen moeten leren wanneer en in welke vorm leugens en fantasieën op hun plaats zijn.

Als kinderen chronisch liegen, is dat nooit een geïsoleerd fenomeen, maar gaat het gepaard met andere gedragsproblemen, die duiden op een antisociale gedragsstoornis. Het is heel belangrijk dat die behandeld wordt, maar de vooruitzichten voor kinderen met zo'n stoornis zijn niet gunstig.

Literatuur

Aangehaalde literatuur

Bussey, K. (1992). Lying and truthfulness: Children's definitions, standards, and evaluative reactions. *Child Development*, 63, 129-137.

Ceci, S.J., DeSimone Leichtman, M. & Putnick, M. (Eds.) (1992). *Cognitive and social factors in early deception*. London: Lawrence Erlbaum.

Ford, C.V. (1996). *Lies, lies, lies. The psychology of deceit*. Washington DC: American Psychiatric Press.

Ford, C.V., King, B.H. & Hollender, M.H. (1988). Lies and liars: Psychiatric aspects of prevarication. *American Journal of Psychiatry*, 145, 554-562.

Herbert, M. (1987). *Conduct disorders of childhood and adolescence*. New York: John Wiley & Sons.

LaFrenière, P.J. (1988). The ontogeny of tactical deception in humans. In R. Byrne & A. Whitten (Eds.), *Machiavellian intelligence*. Oxford: Clarendon Press.

Leekam, S.R. (1992). Believing and deceiving: steps to becoming a good liar. In S.J. Ceci, M. De Simone Leichtman & M. Putnick (Eds.), *Cognitive and social factors in early deception*. London: Lawrence Erlbaum.

Meerum Terwogt-Kouwenhoven, K. (1993). *Het Verkeerde Been. Over alledaagse vormen van misleiding*. Meppel: Boom.
Ploeg, J.D. van der (1996, 3e druk). *Gedragsproblemen*. Rotterdam: Lemniscaat.
Sanders-Woudstra, J.A.R. & Witte, H.F.J. de (red.) (1990). *Leerboek kinder- en jeugdpsychiatrie*. Maastricht/Assen: Van Gorcum.
Stouthamer-Loeber, M. (1986). Lying as a problem behavior in children: A review. *Clinical Psychology Review*, 6, 267-289.
Vandereycken, W., Hoogduin, C.A.L. & Emmelkamp, P.M.G. (red.) (2008). *Handboek psychopathologie, deel 1*. Houten: Bohn Stafleu van Loghum.
Vasek, M.E. (1986). Lying as a skill: The development of deception in children. In R.W. Mitchell & N.S. Thompson (Eds.), *Perspectives on human and nonhuman deceit*. Albany, NY: State University of New York Press.

Internet

www.ggzdrenthe.nl: website met o.a. de adressen van alle Riagg's in Nederland
www.ggzconsult.com: website met verwijzingen naar literatuur
www.opvoedadvies.nl
www.moeilijkemensen.nl

7 Jaloezie en afgunst

R. Kohnstamm

Inleiding

In het dagelijks spraakgebruik maken we meestal geen verschil tussen de woorden jaloezie en afgunst. Hooguit klinkt het eerste wat gewoner en wordt het daarom vaker gebruikt. In de psychologie hecht men echter aan een onderscheid tussen beide woorden om daarmee het verschil te kunnen aangeven tussen twee soorten situaties, processen en bijbehorende emoties. Ruwweg komt dit verschil – in het Engels dat tussen *jealousy* en *envy* – erop neer dat het er bij jaloezie om gaat dat iemand het gevoel heeft dat de liefde en genegenheid die een ander voor hem heeft door een derde zullen worden afgepakt. Afgunst steekt de kop op als een ander iets kan of heeft wat jijzelf niet kunt of hebt. Nog korter gezegd: bij jaloezie gaat het om alléén willen hebben, bij afgunst om óók willen hebben. Jaloezie speelt zich af in een driehoek en heeft te maken met affectie, terwijl afgunst een kwestie is tussen twee mensen en draait om eigenschappen en bezit.

> Een klassiek Bijbels voorbeeld van jaloezie is dat van Kaïn, jaloers op zijn broer Abel die door God wordt voorgetrokken. Kaïn slaat Abel in razernij hierover dood.
> Afgunst in meest destructieve vorm is te lezen in het verhaal over koning Salomo die recht moet spreken tussen twee moeders die allebei met hun baby in hetzelfde bed hebben geslapen. Eén van hen is in haar slaap op haar baby gaan liggen en heeft het doodgedrukt. Zij is afgunstig op de moeder die haar kind nog heeft en zegt dat de nog levende baby van haar is. De wijze Salomo oordeelt dan dat dit kind ook maar dood moet. De liegende moeder stemt daarmee in: ik geen kind, dan zij ook geen kind. De echte moeder uiteraard niet: nee, geef het dan maar aan haar.

Over het algemeen wordt afgunst sterk afgekeurd, maar bestaat voor jaloezie vaak wel enig begrip. Dat heeft er waarschijnlijk mee te maken dat het bij jaloezie gaat om iets waar je eigenlijk recht op hebt – de genegenheid en aandacht van de emotioneel belangrijke ander. Bij afgunst is er daarentegen geen sprake van enig recht op iets dat de ander heeft of kan.

Om het ingewikkelder te maken, gaan jaloezie en afgunst ook wel samen. Een man kan jaloers worden op de aandacht die zijn vrouw aan een collega geeft en tegelijkertijd afgunstig zijn op diens status en charmante eigenschappen die hijzelf nu eenmaal niet heeft.

Jaloezie en afgunst als normale verschijnselen

Jaloezie en afgunst spelen door alle leeftijden heen, maar we beperken ons hier tot kinderen en adolescenten. Op eenzelfde manier als hierboven staat beschreven over een man en vrouw, kunnen ze tussen twee hartsvriendinnetjes toeslaan als één van hen steeds vaker naar een nichtje gaat dat in de buurt is komen wonen. Jaloezie vanwege de verminderde aandacht en het minder vaak samen spelen. Afgunst doordat het nichtje deel uitmaakt van een hecht en welvarend familienetwerk, waar het vriendinnetje buiten staat.

Jaloezie en afgunst spelen niet alleen het hele leven door een rol, ze horen ook bij het leven. In die zin zijn het op zichzelf beschouwd geen tekenen van een stoornis. Er wordt zelfs wel verondersteld dat jaloezie een evolutionaire waarde heeft gehad, daar het de overleving en daarmee de voortplanting bevorderde (Dijkstra, 2001). Jaloezie had een alarmfunctie. Als een vader meer aandacht had vóór of zelfs vertrok mét een andere vrouw, werden door het wegvallen van zijn bescherming de overlevingskansen van zijn kinderen kleiner en daarmee het voortplantingssucces van de moeder. Opkomende jaloezie bij de laatste was een waarschuwing dat er moest worden ingegrepen. Ook bij de nakomelingen onderling zorgde rivaliteit voor overleving. En wie tekort kwam wat betreft de verzorging door de ouders werd zich daarvan door jaloerse gevoelens bewust en kon actie ondernemen.

Dit geldt nog steeds. Een vrouw kan terecht jaloers worden op de aandacht die haar man aan een andere vrouw besteedt en door adequaat te reageren hem weer terugwinnen. En sommige kinderen kunnen met hun door jaloezie ingegeven gedrag hun ouders erop opmerkzaam maken dat zij zich terecht achtergesteld voelen. Zo beschouwd is jaloezie een beschermingsmechanisme dat kan aanzetten tot een functionele verdediging.

Ook afgunst heeft in milde vorm positieve kanten. Niet zozeer ten aanzien van bezit, wel als het gaat om kenmerken. Iemand die benijdenswaardige eigenschappen heeft, kan door de voorbeeldwerking inspirerend zijn. Afgunst en bewondering lopen soms dan ook door elkaar heen.

Of jaloezie en afgunst in een kinderleven problematisch zijn, hangt af van de mate en voortduring waarin zij zich voordoen.

Uitingen van jaloezie

Jaloezie kan zich bij jonge kinderen, bijvoorbeeld bij de geboorte van een broertje of zusje, uiten in tekenen van regressie. Vooral het weer gaan bedplassen is bekend, evenals duimzuigen en het steeds op schoot kruipen: 'Kijk eens, ik ben ook nog klein'. Een andere manier om aandacht te trekken, is lastig gedrag in vele vormen en driftbuien als dat geen effect heeft. Openlijke agressie jegens de nieuwkomer is meestal te riskant. Boze gevoelens worden meestal omgeleid naar andere kinderen, speelgoed en spullen. Vooral jongetjes vechten en maken dingen stuk. Bij meisjes heeft droefheid wat vaker de boventoon en ze zijn stilletjes, huilerig en zeurderig. Op het kinderdagverblijf of de peuterspeelzaal kunnen kinderen die met jaloeziegevoelens kampen over de nieuwe situatie thuis extra bezitterig worden ten aanzien van speelgoed: zowel veel afpakken als heftig reageren als een ander kind aan iets komt waarmee zij bezig zijn. Soms wordt ook gebeten en geschopt.

Ook bij oudere kinderen die zich in het gezin achtergesteld voelen, is in het algemeen een sekseverschil te zien. Meisjes worden vaker verongelijkt en bokkig, jongens vaker openlijk agressief.

Uitingen van afgunst

Jonge kinderen kunnen nog niet afgunstig zijn. Zij kunnen wel dingen afpakken, maar dat gebeurt meer uit nieuwsgierigheid dan uit hebberigheid. Ook een kind van drie dat zich van alles toe-eigent en bewaakt, doet dit niet uit afgunst, maar om zijn nog wankele ik-gevoel met bezit te ondersteunen. Afgunst om andermans eigenschappen is eigenlijk pas echt mogelijk als je hebt leren nadenken over jezelf en jezelf met anderen kunt vergelijken. Een proces dat pas zo rond een jaar of zeven, acht pril op gang komt. Afgunst om bezit is er eerder. Een kind van vijf kan al net zo'n supershooter willen hebben als zijn vriendje. En als hij die niet krijgt, uit nijd die van zijn vriendje kapot schoppen. De kans dat hij dat doet, is groter naarmate hij nooit eens mag hebben en doen wat andere kinderen mogen.

Want afgunst kan destructief zijn. Het is bijvoorbeeld een belangrijke bron achter kwaadaardige roddel: degene die wordt benijd moet kapot of op z'n minst naar beneden gehaald. Meisjesgeroddel op het schoolplein is daarvan een voorbeeld.

Uit angst daarvoor kunnen kinderen proberen zo conformistisch mogelijk te zijn. Hoogbegaafde kinderen gaan dan bijvoorbeeld onder hun kunnen presteren. En anderen vragen nooit iemand te spelen in hun wel erg weelderige villa, of willen bepaalde exclusieve kleren absoluut niet aan.

Jaloezie en afgunst in stiefgezinnen

Speciale vormen van jaloezie binnen het gezin kunnen zich voordoen wanneer ouders nieuwe relaties aangaan (Hetherington & Vuchini, 1991), met name bij kinderen in de schoolleeftijd. Enerzijds betreft het jaloerse gevoelens ten aanzien van de nieuwe partner, meestal die van de moeder. Een kind van een alleenstaande ouder, vooral een enig of oudste kind, kan een sterke band met die ouder ontwikkelen, die het alleen-maar-kind-zijn overstijgt. Het is soms moeders steun en toeverlaat. Als moeder dan een nieuwe levensgezel vindt, kan dat leiden tot gekwetstheid: 'Je had dus niet genoeg aan mij'. Gevoelens die sterker kunnen zijn naarmate moeder blijer en gelukkiger is door haar herwonnen zelfvertrouwen, dat door het mislukken van haar huwelijk was aangetast. Meisjes lijken hier meer moeite mee te hebben dan jongens, voor wie de nieuwe man in hun leven zelfs een gunstige invloed kan hebben door de identificatiemogelijkheid. Vooral als de stiefvader wat betreft persoonlijkheid en interesse meer met hem gemeen heeft dan zijn vader. Het spreekt vanzelf dat dit tot loyaliteitsconflicten kan leiden.

Steven (13 jaar) heeft een goede band met zijn vader die kun-

> stenaar is, maar in tegenstelling tot zijn twee jaar oudere zusje heeft hij zelf niets kunstzinnigs in zich. Hij is meer van het lichamelijk-sportieve type, net als zijn stiefvader. Hoewel hij dolgraag in de hockeycompetitie zou spelen, doet hij dat niet, bang om zijn vader te kwetsen. Hij zou dan immers tijdens de bezoekweekends in plaats van vrijdagavond pas zaterdagmiddag naar hem toe kunnen komen.

Meisjes sluiten zich echter vaker in bokkig stilzwijgen voor die nieuwe man af. Ook willen ze nogal eens quasi niet-opzettelijk het samenzijn van moeder en stiefvader hinderen, bijvoorbeeld door onbestemde hoofd- en buikpijnklachten als die twee een avond uit willen.
Daarnaast zijn er de jaloeziegevoelens tussen de kinderen onderling.

> Irma (8 jaar) is onuitstaanbaar als de tienjarige dochter van haar vader uit zijn eerste huwelijk er om de veertien dagen een weekend is. Haar ouders zeggen dat zij dan 'een totaal ander kind' is.
> Arthur (12 jaar) voelt zich tekort gedaan door zijn vader, die meer tijd en aandacht kan besteden aan de kinderen van zijn tweede vrouw dan aan hem. Vooral ten aanzien van haar even oude zoon is hij jaloers: 'En hij is niet eens de vader van Pieter!'

Afgunst kan zich in stiefsituaties voordoen als de levensstandaard van de erbij betrokken gezinnen ver uiteen lopen. Bijvoorbeeld als vaders beknibbelen op de alimentatie, maar zelf met hun nieuwe gezin op grote voet leven. Tijdens bezoek kan dat voor een kind tot vervelende confrontaties leiden, waardoor het soms liever niet meer naar vader toegaat.
Maar het omgekeerde doet zich ook voor.

> De moeder van Annelies (14 jaar) is hertrouwd met een gefortuneerde man. Haar vader leeft van een uitkering. De relatie

tussen vader en dochter is sinds dit tweede huwelijk verslechterd. 'Ik vind er niks meer aan om naar hem toe te gaan, hij doet niks dan katten op mamma omdat die nu veel meer geld heeft dan hij.'

Achtergronden en mogelijke oorzaken

Jaloezie

Jaloezie is geen enkelvoudige emotie, eerder een complexe geestesgesteldheid waarin gevoel, gedrag en cognitie zijn verweven. Op hun beurt zijn die afhankelijk van bijvoorbeeld temperament, zelfverzekerdheid en inzicht in menselijke relaties. Het is bovendien een sociaal verschijnsel waarin eigenschappen van de context een belangrijke rol spelen. Van de gevoelens zijn droefheid, angst en kwaadheid de belangrijkste. Gedrag kan zowel woede-uitbarstingen inhouden als het zich terugtrekken. Het aandeel van cognitie uit zich in de mate waarin men de bedoelingen van een ander juist kan inschatten. In de context gaat het erom dat jaloezie altijd belangrijke anderen in bepaalde situaties betreft en niet zomaar iedereen wanneer dan ook (Volling, McElwain & Miller, 2002).

JALOEZIE IN DE VERSCHILLENDE LEVENSFASEN

De eerste tekenen van jaloezie doen zich bij de meeste peuters voor als een broertje of zusje wordt geboren. Het kan met name sterk zijn bij oudste kinderen na de geboorte van het tweede. Het vanzelfsprekende alleenrecht op liefde, aandacht en zorg is weg. Het nieuwe kind brengt angst en onzekerheid teweeg, te meer daar veel tweede kinderen op een allerongelukkigst tijdstip worden geboren, namelijk als de oudste een jaar of twee is. Het is dan op de leeftijd dat het de eerste conflicten met zijn ouders riskeert om zijn zelfstandigheid te bewijzen. Het kan dan bang worden dat zijn ouders een nieuw kind hebben genomen, omdat ze hem niet meer lief vinden. Het voelt zich afgedankt. De tijd die de oudste alleen met vader én moeder doorbrengt, neemt drastisch af en komt een jaar na de geboorte van nummer twee nog maar zelden voor. Het contact tussen moeder en oudste wordt wat afstandelijker doordat zij meer vanaf een afstand tegen hem praat, terwijl zij met de baby bezig is (Dunn, 1995). Het is een bekend verschijnsel dat de oudste met name lastig kan worden als moeder met de baby bezig is – verboden kastjes openmaakt terwijl moeder niet rechtstreeks kan ingrijpen en op dat moment niet veel anders kan doen dan roepen dat dat niet mag. Overigens is het ook een veeg teken als de oudste extra lief is voor de baby. Het jongetje dat jaloers is op zijn babyzusje en haar aait onder de bezwerende woorden: 'Oh wat ben je lief, oh wat vind ik je lief'.

Bij het opgroeien steken tussen diverse kinderen uit één gezin van tijd tot tijd jaloerse gevoelens de kop op. Ze hebben steeds te maken met het deel van de ouderlijke aandacht dat een kind voor zichzelf opeist. Liefst het grootste deel, zo niet alles. Hoe jonger het kind, des te concreter het daarbij denkt. Niet alleen de meeste kusjes en het langst voorgelezen verhaaltje, maar ook het grootste stukje worst en het mooiste bordje worden ervaren als: 'Ik ben de liefste'. Met jaloerse gevoelens als deze voorrechten een ander kind ten deel vallen. De indruk bestaat dat dergelijke door jaloezie ingegeven rivaliteiten groter zijn naarmate ouders een overvloed aan aandacht voor hun kinderen hebben. Waar veel te halen valt, wordt de hebberigheid kennelijk groter (Bank, 1992). In overeenstemming daarmee is het gegeven dat in grote gezinnen jaloezie tussen de kinderen relatief minder voorkomt.

Een speciale vorm van jaloezie is door Freud beschreven in wat hij het Oedipusconflict noemde. Kleuters worden jaloers op de liefde en aandacht die moeder voor vader heeft. Zij willen moeder voor zichzelf houden. Van zijn kant kan ook een vader na de geboorte van het eerste kind door jaloerse gevoelens worden bevangen vanwege de nieuwe exclusieve gerichtheid van zijn vrouw op de baby. Zoals het wel wordt omschreven: de vader voelt zich naar de rand van het nest geduwd.

In de basisschoolleeftijd kan ook buiten het gezin jaloezie worden gewekt als in de groep op school of op een club een kind in de ogen van anderen wordt voorgetrokken. Zulke lievelingetjes zijn weinig populair: de jaloezie wordt omgezet in openlijke of stille agressie (Tal & Babad, 1990).

In de loop van de adolescentie wordt vervolgens ontdekt dat je iemand ook met opzet jaloers kunt maken om zijn of haar aandacht weer terug te krijgen.

Afgunst

Zoals hierboven gezegd: afgunst is pas mogelijk als je jezelf op enigerlei manier kunt vergelijken met een ander. Ten aanzien van bezit kan dat eerder dan ten aanzien van eigenschappen.

Niet ieder kind dat meer heeft of kan leidt tot afgunst. Het gaat om kinderen met wie je je kúnt vergelijken. Zoals de kinderen in je groep, in je buurt en je neefjes en nichtjes. Vergelijking met een prinsesje of het kind van een popster kan wel aanleiding zijn tot dromen en idealen, maar maakt niet afgunstig in de zin van verongelijkt zijn: de ongelijkheid is te accepteren.

Sommige kinderen zijn weinig of nooit afgunstig. Een belangrijke factor daarbij is net als bij jaloezie het gevoel van eigenwaarde en competentie. Kinderen met een positief zelfbeeld kunnen een ander dan wel benijden om háár mooie krullen of zíjn succes bij de meisjes, maar dat leidt dan niet tot nijd, omdat er voldoende tegenover staat. Zelfvertrouwen maakt dat je kunt relativeren.

Bij afgunst komt er op den duur nog iets bij: naast het zelfbeeld ontwikkelt zich het ik-ideaal; het beeld van hoe je graag zou willen zijn. In weten, kunnen, hebben, manieren van doen, uiterlijk, enzovoort. Als er veel ruimte zit tussen wat en hoe je eigenlijk zou willen zijn en de realiteit, is er ruimte voor afgunst, doordat iedere vergelijking met een ander in feite een negatief uitvallende vergelijking is tussen je zelfbeeld en je ik-ideaal.

Daarom is het voor kinderen en jongeren gemakkelijker te leven in een relatief homogene omgeving. De heterogene samenleving van nu geeft veel confrontaties met anderen die beter af zijn. Net niet onbereikbaar. Net genoeg voor afgunst. Maar nogmaals: van milde vormen kan ook inspiratie uitgaan.

Ziekelijke vormen van jaloezie of afgunst

Zoals er kinderen zijn die vrijwel nooit jaloers of afgunstig zijn, zijn er kinderen die dat altijd zijn. De oorzaken daarvan vormen een tegenbeeld van die bij de eerste groep: gebrek aan competentie, gevoel van eigenwaarde, zelfvertrouwen en een negatief zelfbeeld. De bron daarvan kan liggen in het kind zelf, in de plaats die het in het gezin inneemt, in de opvoedingsstijl of in een combinatie van dit alles. Het is vaak verongelijkt zonder dat daar op het eerste gezicht een aanleiding voor is. Zo'n kind is ongelukkig, omdat het zich echt tekort gedaan voelt. Soms heeft het daar ook reden toe. Sommige ouders trekken een bepaald kind voor, ook wel zonder dat ze dat zelf in de gaten hebben. Zij voelen bijvoorbeeld een speciale verwantschap. Of er is juist een niet-bewust negatief gevoel, omdat het kind bijvoorbeeld lijkt op een broertje van de ouder waarmee die vroeger totaal niet overweg kon.

Een kind dat naar verongelijktheid neigt, kan ook situaties zo manoeuvreren dat het een *selffulfilling prophecy* wordt:

> Laura (6 jaar) mag met haar broertje, zusje en neefje paaseitjes zoeken. Zij krijgen ieder een mandje. Op het mandje van het neefje zit een bloemetje. Laura wil ook een mandje met een bloemetje, maar dat is er niet. Zij maakt een scène. De andere kinderen willen niet langer op haar wachten en gaan zoeken. Als Laura uiteindelijk naar buiten gaat, zijn al veel eitjes gevonden. Haar mandje blijft leger dan dat van de andere drie. De scène die zij maakt, kan haar broer zich dertig jaar later nog herinneren als typerend voor zijn zusje.

Reageren op jaloezie en afgunst

Jaloezie

Na de geboorte van een tweede kind ligt het voor de hand dat de vader wat meer met de oudste optrekt. Zo heeft elke ouder een kind onder de hoede. Het klinkt logisch, maar vraagt om moeilijkheden, doordat de oudste het idee krijgt dat hij voor moeder heeft afgedaan. Het leidt tot boze gevoelens jegens de nieuwkomer (White & Mullen, 1989).

In het algemeen wordt aangeraden het kind zo veel mogelijk bij de baby te betrekken, zodat die geen exclusieve aangelegenheid van de ouders wordt. De baby op schoot mogen houden en ermee rond mogen sjouwen. Maar er ook weer niet alleen mee zijn, want dan zou de verleiding het kleine kind wel eens boven het hoofd kunnen groeien, en een pets is snel uitgedeeld.

Hoewel ouders en verzorgers schrikken van jaloerse gevoelens is het belangrijk ze te accepteren en vooral van de oudste niet te verwachten dat hij bestaande privileges zomaar opgeeft.

> Vanaf de tijd dat Jean-Pierre kon lopen, ging zijn vader elke avond voor het eten met hem een wandelingetje maken in het park achter hun huis. Toen hij bijna 3 was, kreeg hij een zusje. Na een jaar kon ook dit meisje lopen en op een avond zei zijn vader: 'Kom, we nemen ook Rosa mee'. Jean-Pierre verstrakte, zei 'Nee' en rende weg. De eerste reactie van de vader was: 'Nou dan niet'. De tweede was achter Jean-Pierre aan te gaan en te zeggen: 'Kom, we gaan eerst samen, jij en ik, zoals altijd. En na het eten gaan we nog even met z'n drieën'.

Jaloerse kinderen die zich onmogelijk en lastig gedragen moeten niet worden gestraft, maar zeker ook niet op staande voet de geëiste aandacht krijgen. Door beide reacties wordt de jaloezie alleen maar groter. Extra aandacht op momenten dat er niets aan de hand is, is beter.
Als er tekenen van oedipale gevoelens zijn, is het zaak daar niet op in te spelen. Dus als favoriete ouder de gevoelens niet weglachen, maar ook niet gestreeld aanwakkeren, en als weggeduwde ouder niet verongelijkt zijn of speels gaan concurreren. Dat geeft een kleuter meer macht en verantwoordelijkheid dan hij of zij aan kan. De kleuter is geen echte partner in de driehoek!
Anderzijds is het als ouders en bijvoorbeeld ook als leerkrachten belangrijk van tijd tot tijd bij zichzelf te rade te gaan of er toch ongemerkt geen sprake is van voortrekken. Met het ene kind heeft men soms meer affiniteit dan met het andere en is er structureel meer aandacht voor waar ze mee komen. Kinderen zijn daar gevoelig voor.

JALOEZIE IN STIEFGEZINNEN

De jaloerse gevoelens van een kind ten aanzien van de stiefouder kan bij de andere ouder schuldgevoel geven. Dat kan vervolgens weer leiden tot toegeeflijkheid op allerlei gebied. Een soort afkoopregeling, die het kind een niet gezonde manipulatiemogelijkheid geeft. Rekening houden met de kinderlijke gevoelens betekent veel meer steeds weer de zekerheid geven dat het niet heeft afgedaan.

Leg ook uit dat de genegenheid tussen de ouders onderling van een andere orde is dan die tussen de biologische ouder en het kind.
In het algemeen wordt aangeraden dat de stiefouder, zeker aanvankelijk, zo min mogelijk de rol van substituut-ouder op zich neemt (Hetherington, Bridges & Insabella, 1998). De belangrijkste rol die hij of zij als opvoeder kan hebben, is een steun te zijn voor de biologische moeder of vader. Het unieke tussen de biologische ouder en het kind wordt dan als vanzelfsprekend erkend.

Afgunst

In het algemeen is het beter niet uit angst voor afgunst te veel krampachtig vast te houden aan altijd maar eerlijk delen, maar kinderen te laten ervaren dat de ene keer de één en de andere keer de ander iets krijgt, mag of voordeel heeft. De eerlijkheid moet zitten in de wat langere termijn, niet in iedere incidentele gelegenheid. Vooral in tweekindergezinnen heeft men daartoe wel de neiging. Als Maarten een partijtje heeft: 'Moeten we met Saskia toch ook iets gezelligs doen'.
In de schoolleeftijd is het daarentegen verstandig om, zij het met mate, kinderen toe te geven in hun neiging tot conformiteit binnen de groep. Hebben wat 'iedereen' heeft is een steun voor een nog wankel zelfvertrouwen. De juiste attributen geven zekerheid en voorkomen onnodige afgunst.

Prognose

Bij de meeste kinderen wordt jaloezie geen levenshouding. Ook de scherpste kanten van de rivaliteit tussen broertjes en zusjes verdwijnen op den duur. Wat overblijft, is de af en toe oplaaiende jaloezie in bepaalde situaties. Even onvermijdelijk als begrijpelijk.
Met het ouder worden neemt de sociale cognitie van kinderen toe, met name ook het zich in een ander kunnen verplaatsen. Ze kunnen dan begrijpen dat een zusje of een ander kind in de klas op een bepaald moment aandacht nodig heeft en krijgt. Als het goed is, nemen ook het eigen zelfvertrouwen en competentiegevoel toe. Dat brengt mee dat zij op momenten van 'achterstelling' zich sociaal

wenselijk kunnen gedragen, bijvoorbeeld door iets anders te gaan doen, wetend en vertrouwend dat zij heus ook aan de beurt zullen komen.

Bepaalde gezinsverhoudingen kunnen het een kind echter moeilijk maken jaloezie op te geven, bijvoorbeeld als ouders stelselmatig alle kinderrivaliteiten en -kibbelarijen de kop indrukken. Normale jaloerse gevoelens vinden dan geen uitweg en blijven broeierig hangen. Dat kan ook gebeuren als ouders veel aandacht hebben voor hun kinderen, maar er tegelijkertijd een of meer voortrekken. Zij wekken daarmee bij al hun kinderen het besef dat er verschillen zijn in de mate waarin je aandacht, lof en liefde kunt krijgen. Dat houdt het touwtrekken in gang om van dat vele het meeste te krijgen. Als ouders in deze houding volharden, kan het een bittere strijd tussen de kinderen worden die tot in de volwassenheid voortduurt (Ross, Filyer, Lollis, Perlman & Martin, 1994).

Anderzijds zijn er ook kinderen die door hun aard in een droevige vicieuze cirkel terechtkomen. Door hun moeilijke temperament en daardoor lastige gedrag krijgen ze veel ouderlijke kwaadheid over zich heen. Omdat ze nog niet in staat zijn hun eigen aandeel te begrijpen ervaren ze dat als achtergesteld worden. De jaloezie die daaruit volgt, leidt tot agressie en nog weer onuitstaanbaarheid. Het wordt in het gezin de broer die met zijn scènes de sfeer verknoeid. Vooral op hoogtijdagen. Waar ook iets van afgunst op de anderen doorheen schemert: 'Ik geen leuk leventje, dan jullie ook niet'.

Samenvatting en conclusie

Jaloezie en afgunst spelen in bijna ieder leven een rol, ze lijken er bij te horen. Het onderscheid tussen beide manifesteert zich in het verschil in situaties, processen en bijbehorende emoties. Bij jaloezie gaat het erom dat iemand het gevoel heeft dat de liefde en genegenheid die een ander voor hem heeft door een derde worden afgepakt (driehoek). Afgunst kan de kop opsteken wanneer iemand zelf niet de eigenschappen of bezittingen heeft die een ander wel bezit. Bij jaloezie gaat het om alléén willen hebben, bij afgunst om óók willen hebben. In milde vorm kunnen jaloezie en afgunst een positieve rol spelen in het leven van een kind of jongere. Of ze problematisch worden, hangt af van de mate en de voortduring waarin zij zich voordoen. Speciaal bij de geboorte van een broertje of zusje en bij nieuwe relaties van ouders is het belangrijk oplettend te zijn voor gevoelens van jaloezie bij de kinderen. Sterke uitingen van jaloezie en afgunst verdwijnen in de meeste gevallen met het ouder worden.

Literatuur

Bank, S. (1992). Remembering and reinterpreting sibling bonds. In F. Boer & J. Dunn, *Children's Sibling Relationships: Developmental and clinical issues.* Hillsdale, NJ: Erlbaum.

Dijkstra, P. (2001). *Men, women, and their rivals: Jealousy from an evolutionary psychological perspective.* Groningen: Proefschrift Rijksuniversiteit Groningen.

Dunn, J. (1995). *From One Child To Two.* New York: Ballantine.

Hetherington, E.M. & Vuchini, S. (1991). Parent-child interaction and gender differences in early adolescents' adaptation to stepfamilies. *Developmental Psychology, 27*(4).

Hetherington, E.M., Bridges, M. & Insabella, G.M. (1998). What matters? What does not? Five perspectives on the association between marital transitions and children's adjustment. *American Psychologist, 44*(2), 283-292.

Ross, H., Filyer, R., Lollis, S.P., Perlman, M. & Martin, J.L. (1994). Administering justice in the family. *Journal of Family Psychology, 8,* 254-273.

Tal, Z. & Babad, E. (1990). The teacher's pet phenomenon: Rate of occurrence, correlates and Psychological costs. *Journal of Educational Psychology, 82,* 637-645.

Volling, B.L., McElwain, N.L. & Miller, A.L. (2002). Emotion Regulation in Context: The Jealousy Complex between Young Siblings and Its Relations with Child and Family Characteristics. *Child Development, 73*(2), 581-600.

White, G.L. & Mullen, P.E. (1989). *Jealousy. Theory, research and clinical strategies.* New York: Guilford.

Aanbevolen literatuur

Boer, F. (1999). *Een gegeven relatie. Over broers en zussen.* Amsterdam: Prometheus.

Friday, N. (1993). *Jaloezie.* Utrecht: Bruna.

Kohnstamm, R. (2009). *Kleine Ontwikkelingspsychologie. Deel I: Het jonge kind; Deel II: De schoolleeftijd; Deel III: De adolescentie.* Houten: Bohn Stafleu van Loghum.

Internet

www.jaloers.com/gezin.htm

GPSR Compliance
The European Union's (EU) General Product Safety Regulation (GPSR) is a set of rules that requires consumer products to be safe and our obligations to ensure this.

If you have any concerns about our products, you can contact us on

ProductSafety@springernature.com

In case Publisher is established outside the EU, the EU authorized representative is:

Springer Nature Customer Service Center GmbH
Europaplatz 3
69115 Heidelberg, Germany

www.ingramcontent.com/pod-product-compliance
Lightning Source LLC
LaVergne TN
LVHW082021260326
834688LV00062B/1121